Clemens Sedmak
Ans Herz gelegt

CLEMENS SEDMAK

ANS HERZ GELEGT

Die vielen Sprachen der Liebe

TYROLIA-VERLAG · INNSBRUCK-WIEN

Mitglied der Verlagsgruppe „engagement“

Umschlaggestaltung: stadthaus 38, Innsbruck
Layout und digitale Gestaltung: Tyrolia-Verlag, Innsbruck
Druck und Bindung: CPI books GmbH, Leck - Germany
ISBN 978-3-7022-3550-5 (gedrucktes Buch)
ISBN 978-3-7022-3551-2 (E-Book)
E-Mail: buchverlag@tyrolia.at
Internet: www.tyrolia-verlag.at

MIX
Papier aus verantwortungsvollen Quellen
FSC www.fsc.org
FSC® C083411

INHALTSVERZEICHNIS

I. BRIEFE AN NÄCHSTE

II. BRIEFE AN MEISTERINNEN UND MEISTER

III. SCHWIERIGE BRIEFE

IV. KURZE BRIEFE

VORWORT

Guten Tag, sagte der kleine Prinz und setzte sich zu mir ins Vorwort.

Guten Tag, sagte ich etwas verwirrt, weil ich es nicht gewohnt war, dass man mich in einem Vorwort besuchte.

Was ist das hier, fragte der kleine Prinz und blickte sich um.

Das ist ein Vorwort, sagte ich.

Was ist ein Vorwort?

Ein Vorwort ist wie ein kleiner Garten mit einem Weg, der ins Haus des Buches führt, sagte ich. Das hatte ich irgendwo gelesen.

Ich mag kleine Gärten, sagte der kleine Prinz und dachte wohl an seine Rose.

Wir schwiegen ein wenig und ich schrieb ein paar Zeilen.

Was ist dann in dem Haus?, fragte der kleine Prinz nach einer kleinen Weile.

Welches Haus?, fragte ich verwirrt, weil ich doch mit Schreiben beschäftigt war.

Nun, das Haus, in das dieses Vorwort hineinführt.

Ja, richtig!

Das Buch baut ein Haus über die Liebe, sagte ich vorsichtig. Ich will die Frage erkunden, was es denn heißt, einen Menschen zu lieben.

Der kleine Prinz dachte kurz nach.

Ich liebe den Fuchs, sagte er dann.

Wieder Nachdenken.

Und ich glaube: Den Fuchs zu lieben heißt, gut mit ihm allein sein zu können.

Das ist ein schöner Gedanke, sagte ich ein klein wenig gönnerhaft.

Oder, fuhr der kleine Prinz fort, den Fuchs lieben heißt, von ihm erzählen zu können.

Auch das ist ein Gedanke, der mir gefällt, kommentierte ich.

Dann könnte ja eigentlich ich ein Buch über den Fuchs schreiben, meinte der kleine Prinz, und von ihm erzählen.

Ja, das könntest du, sagte ich nun etwas verunsichert.

Da würde ich anfangen müssen bei meinem Planeten, erklärte der kleine Prinz, und bei meiner Reise und ich würde erzählen von all dem, was ich zurückgelassen habe und von allen, die ich auf dem Weg kennengelernt habe.

Das will ich auch, sagte ich begeistert.

Einen Menschen zu lieben, heißt Vertrautes zurücklassen, von einem Planeten aufbrechen, eine Reise tun und ankommen.

Ich weiß nicht mehr, ob das der kleine Prinz gesagt hat oder ich. Jedenfalls endet hier das Vorwort mit einem herzlichen Dank an Gottfried Kompatscher und mit einer innigen Widmung an meine geliebte Frau Maria. Wem sonst soll ich ein Buch über die Liebe zueignen?

Für Dich, also, geliebte Maria, für Dich.

Salzburg, im Sommer 2016

ZUR EINLEITUNG

„WIE REDEST DU WIRKLICH?“

„Mit jedem Menschen redest du anders“, sagt ein Kind zu seinem Vater in einem Kinderbuch aus meiner Volksschulzeit; der Vater spricht anders mit der Mutter als mit der Nachbarin (gut so!), wieder anders mit dem Schulwart und wieder anders mit einem Patienten in seiner Zahnarztpraxis. „Wie redest du wirklich?“, fragt der Bub.

Der Vater weiß darauf keine Antwort. Denn es gibt keine „eine, wirkliche“ Sprechweise; tatsächlich reden wir mit unseren Geschwistern daheim anders als mit einer Ärztin im Krankenhaus oder mit einem Angestellten am Fahrkartenschalter. Wir sprechen stets mit „gleichwürdigen“ Menschen, mit Menschen, die gleich an Würde sind, aber wir tun es in ganz unterschiedlicher Weise. Und eben dies ist Ausdruck von Respekt.

Wir sprechen mit einem Menschen, der uns nach dem Weg fragt, anders als mit einem Menschen, den wir nach dem Weg fragen; wir sprechen mit einer Polizistin anders als mit einem Kellner. Wir drücken die Achtung vor einem Menschen dadurch aus, dass wir mit ihm in einer einzigartigen Weise umgehen. Wir alle, die wir uns im öffentlichen Raum bewegen, müssen viele Sprachen sprechen können, müssen vielsprachig sein.

FREMDSPRACHEN LERNEN

Fremdsprachenlernen ist harte Arbeit. Die englische Philosophin Iris Murdoch hat versucht, während des Zweiten Weltkriegs Russisch zu lernen. In ihrem Tagebuch berichtet sie am 8. November 1942 von ihren Erfahrungen: Ich nehme Russischstunden bei einem alten Armenier, einem politischen Flüchtling. Er spricht kein Wort Englisch, was bedeutet, dass alles auf Russisch ablaufen muss; das gibt mir eine exzellente Konversationspraxis. Er hat kein Verständnis für die Regeln der Grammatik …

Man kann sich vorstellen, wie abenteuerlich es für Murdoch gewesen sein muss, sich die russische Sprache anzueignen. Es war ein Sprung ins kalte Wasser – hinein in eine rein russische Lernsituation, noch dazu begleitet von einem unerfahrenen Lehrer, der zwar Russisch beherrschte, aber nicht das Vermitteln der russischen Sprache.

Jahre später wird Murdoch in ihrem Hauptwerk über das Gute schreiben, dass das Lernen der russischen Sprache sie mit einer autoritären Struktur konfrontiert habe, die ihr Respekt abverlange. Die russische Grammatik lässt nicht mit sich handeln;

Ludwig Wittgenstein, den Iris Murdoch persönlich gekannt hat, hat immer wieder davon geschrieben, dass eine Sprache nicht bis ins Letzte begründet werden kann; an einem bestimmten Punkt können wir nur sagen: „So sprechen wir!“, „Das ist unsere Sprache!“, „Das sind die Regeln der Grammatik!“ – hier kann man sich nur unterwerfen und zur Kenntnis nehmen, dass dies so ist.

So erkennt Iris Murdoch in ihren Überlegungen über das Erlernen der russischen Sprache: Es ist eine fordernde Aufgabe und das Ziel ist in weiter Ferne und vielleicht nie wirklich erreichbar. Die Arbeit ist eine beständige Offenbarung von etwas, das unabhängig von ihr ist. Aufmerksamkeit gegenüber dieser Wirklichkeit wird mit Wissen von dieser Wirklichkeit belohnt. Die Liebe zum Russischen führt mich, so Iris Murdoch, weg von mir selbst, hin auf etwas, was mir fremd ist, hin zu etwas, das mein Bewusstsein nicht einfach übernehmen oder schlucken, verneinen oder in seiner Wirklichkeit leugnen kann.

DIE VIELEN SPRACHEN DER LIEBE

Eine Sprache zu lernen verlangt nach Demut, nach Ausdauer und Geduld, aber ebenso nach Selbstvergessenheit. Das sind auch wichtige Elemente in unserem Bemühen, einen Menschen zu lieben. Einen Menschen zu lieben ist wie das Erlernen einer

Fremdsprache. Da braucht es die Anerkennung, dass da jemand ist, der von mir unabhängig ist; da ist jemand, der nicht von meinem Willen abhängt, sondern ein Eigenleben hat. Einen Menschen zu lieben heißt entdecken, dass da ein Gegenüber ist.

Einen Menschen zu lieben ist wie das Erlernen einer Fremdsprache. Diesen Gedanken kann man bei Iris Murdoch finden; sie ist schließlich auch jene Philosophin, die einmal geschrieben hat: „Liebe ist die extrem schwierige Anerkennung, dass etwas anderes als ich existiert." Diese Worte hat sich Iris Murdoch, die einen brillanten Geist und einen großen Sinn für Unabhängigkeit hatte, abgerungen; Lieben heißt, dass da jemand ist, der sich deiner Kontrolle entzieht; lieben heißt sehen, dass es eine Wirklichkeit gibt, die unabhängig von dir ist. Für Iris Murdoch, die mit „Bindung" und „Loslassen" ihre Schwierigkeiten hatte, waren dies schwer erkämpfte Einsichten.

Bleiben wir bei diesem Gedanken: Einen Menschen zu lieben ist wie das Erlernen einer Fremdsprache; Gary Chapman hat diesen Gedanken auch verfolgt: Du musst die Muttersprache des geliebten Menschen lernen, wenn du mit ihm zusammensein willst. Und wenn wir mit verschiedenen Menschen liebevoll umgehen wollen, dann müssen wir viele Sprachen lernen. Denn jeder Mensch, so scheint es, will auf je eigene Weise geliebt werden.

Manche Menschen liebst du dadurch, dass du langsam sprichst; andere Menschen liebst du dadurch, dass du wenig sprichst; wieder andere dadurch, dass du viel erzählst, schnell redest … Die Liebe kennt viele Sprachen. Und das ist auch gut so. Denn wir alle sind verschieden; es gibt sie nicht, die „eine, wirkliche Sprache der Liebe". Eine nüchterne Hebamme liebt eine gebärende Frau anders als ein behutsamer Seelsorger einen Sterbenden, dem er die Hand hält; Eltern lieben ihr zweijähriges Kind auf andere Weise, als sie Jahre später dasselbe Kind in seinen Pubertätsjahren lieben werden. Und das ist gut so.

Viele Menschen, viele Sprachen der Liebe – wer mit vielen Menschen oder auch mit einem Menschen in verschiedenen Lebenssituationen umgeht, muss vielsprachig sein, muss viele Sprachen der Liebe beherrschen; man könnte das geradezu als Lebensziel ansehen: vielsprachig werden in Sprachen der Liebe, „polyglott" zu sein in der Liebe.

Man könnte das Bemühen um ein gutes Leben in dieser Anstrengung gipfeln lassen: Ein gutes Leben führt, wer in den vielen Situationen des Lebens stets Sprachen der Liebe zu sprechen vermag; es ist ja einigermaßen bemerkenswert, dass so viele Religionen und spirituelle Traditionen darin übereinstimmen: Der Weg des Menschen ist die Liebe; der Weg zur Menschlichkeit ist die Liebe; der Weg, der über das bloß Menschliche hinausführt, ist die Liebe.

DIE LIEBE ALS SPRACHE

Bleiben wir bei diesem Bild – die Liebe als eine Sprache: Eine Sprache ist eine Einrichtung, mit der wir unser Verhalten und unsere Interessen auf das Verhalten und auf die Interessen anderer Menschen abstimmen können. Eine Sprache hat einen Wortschatz, sie hat eine Grammatik, und Menschen entwickeln einen je eigenen Stil, wenn sie sich eine Sprache aneignen.

Die Liebe ist wie eine Sprache, die „mein" mit „dein" zusammenbringt; zwei Menschen, die einander lieben, gehen eine Verbindung ein, die „mein" Leben und „dein" Leben aufeinander abstimmt und aufeinander hin ausrichtet.

Die Liebe spricht viele Sprachen – in Ingeborg Bachmanns Gedicht *Erklär mir, Liebe* heißt es, „dein Mund verleibt sich neue Sprachen ein". Immer neue Sprachen eignet sich die Liebe an.

Die Liebe spricht viele Sprachen und jede Sprache hat einen Wortschatz. Der Wortschatz der Liebe, das sind die Bedeutungseinheiten, in denen sich die Liebe ausdrückt; das kann der besorgte Blick sein, der Blick des Kindes auf die demenzkranke Mutter oder der Blick des Vaters auf das fiebrige Kind; das kann eine zärtliche Geste sein, über die Wange streicheln, die Hand nehmen, auf die Stirn küssen; das kann das sorgsam ausgesuchte Geburtstagsgeschenk sein, ein langsam geschriebener Brief, ein

Abendgebet. Dieser Wortschatz ist bei jedem einzelnen Menschen anzupassen; das kann man sehr schön an Geschenken sehen, die Freude machen sollen; ein vierzehnjähriges Mädchen freut sich in der Regel nicht mehr über eine Puppe, eine Krawatte mag den Rektor der Universität Salzburg freuen, nicht aber ein Mitglied einer Punkrockband. Es ist gut, den Wortschatz zu erweitern, über ein breites Repertoire an Ausdrucksformen zu verfügen.

Eine Erweiterung des Wortschatzes kann man auch lernen – ähnlich wie man sich die Sprache zur Beurteilung von Wein aneignen kann und dann geschliffen von „vielschichtigem Bukett", „präsenter Struktur" oder „holzbetontem Rückgeruch" reden kann. Den Wortschatz der Sprachen der Liebe kann man ausbauen; man kann lernen, Verlässlichkeit zu zeigen, man kann lernen zu überraschen, man kann lernen, einen Brief zu schreiben … Natürlich gibt es auch „Grundvokabeln" einer jeden Sprache der Liebe, das sind etwa die Ausdrucksformen und Absichten, die wir mit den Worten „Bitte", „Danke" oder „Entschuldigung" ausdrücken. Wer diese Vokabeln beherrscht, hat schon viel gewonnen.

Die Liebe hat auch eine Grammatik, folgt bestimmten Regeln; diese Regeln haben grundsätzliche Ähnlichkeiten (jeder Mensch will mit Achtung und Aufmerksamkeit behandelt werden), aber auch Eigenarten. Meine Tante, geboren mit Trisomie 21

(Down-Syndrom), wurde vor allem dadurch geliebt, dass man sie zum Lachen brachte; meine Großmutter väterlicherseits hätte dies möglicherweise als Anmaßung empfunden; in einer Sprache der Liebe gilt, „du darfst den anderen Menschen berühren", in einer anderen Sprache ist die Regel zu respektieren: Liebe zeigt sich im höflichen „Sie". Kinder kommen in ein Alter, in dem sie nicht mehr in der Öffentlichkeit von den Eltern liebkost werden wollen. Das sind Regeln – die sich wandeln, über die man sich auch unterhalten kann, die geändert werden können, die aber dennoch binden und ordnen.

Schließlich will nicht nur jeder Mensch auf je eigene Weise geliebt werden, es hat auch jeder einzelne Mensch einen je eigenen Stil in der Liebe wie im Leben; manche Menschen sind impulsiv, andere überlegt; manche sind zögerlich, andere entscheidungsfreudig; König Herodes musste seine Liebe (oder das, was er für Liebe hielt) zu Herodias dadurch ausdrücken, dass er ihrer Tochter den Kopf des Johannes auf einer Schale übergab (ich beeile mich hinzuzufügen, dass wir uns noch überlegen werden müssen, ob wir bereit sind, dies „Ausdruck von Liebe" zu nennen). Es gibt viele Weisen, einen Heiratsantrag zu machen; es gibt viele Weisen, einen 80. Geburtstag zu feiern; es gibt viele Weisen, Freundschaft zu einem Menschen anzubahnen. Das ist auch eine Frage des persönlichen Stils. Erich

Kästner zeichnet Dr. Johann („Justus“) Bökh als Schularzt, der die Kinder dadurch liebt, dass er sie mit großem Respekt behandelt, ihnen pfeifenrauchend zuhört, Zeit schenkt und für sie da ist – und einen tiefen Sinn für Gerechtigkeit hat (deswegen der Spitzname „Justus“). Liebe ist also auch eine Frage des persönlichen Stils.

EIN KURS ÜBER DIE SPRACHEN DER LIEBE?

Wie wäre es nun, wenn wir einen Kurs über die vielen Sprachen der Liebe anbieten würden? Einen Kurs mit allem Drum und Dran, der es den Teilnehmenden erleichtern soll, im Alltag und in außergewöhnlichen Lebenssituationen liebevolle und liebenswürdige Menschen zu sein. Ähnlich wie Helen Schucmans Kurs in Wundern wäre es ein Kurs, der das Leben der Menschen von Grund auf verändern, sie zu einer neuen Lebensausrichtung bringen sollte.

Am Anfang eines solchen Kurses stünde natürlich eine Grundentscheidung: Will ich in der Liebe wachsen? Will ich mein Leben in den Dienst der Liebe stellen? Will ich mein Leben nach der Kunst der Liebe ausrichten?

Dann bräuchte es ein Verständnis von Sprache und es bräuchte bestimmte Hilfsmittel. Eine Sprache hat, wie wir gesehen haben, einen Wortschatz, Regeln der Grammatik und jede Sprecherin, jeder Sprecher hat einen eigenen Stil. Für das Erlernen einer Sprache brauchen wir Hilfsmittel: Ich muss mit einem Lehrbuch Vokabeln lernen und die grundlegenden grammatischen Regeln; ich brauche sprachkundige Begleiter und Begleiterinnen, die mich auch auf häufige Fehler aufmerksam machen; ich brauche die Erfahrung von einschlägigen Gesprächssituationen; zu diesem Zweck sind Reisen in das Land, in dem die Sprache gesprochen wird, hilfreich. Hilfreich ist es auch, über gängige Fehler Bescheid zu wissen – es ist etwa ein Fehler zu glauben, Lieben kann man so ohne weiteres, man benötige einzig ein geeignetes Objekt. Es ist auch ein Standardfehler zu glauben, dass Liebe vor allem eine Frage der Gefühle oder gar von Gestimmtheiten sei. Solche Fehler könnte man in einem Kurs besprechen.

Ich würde einen solchen Kurs wahrscheinlich in sechs Schritten angehen:

1) Ich würde zuerst von konkreten Situationen ausgehen – beginnend mit einfachen (eine neue Familie zieht in die Nachbarwohnung ein) und übergehend zu anspruchsvolleren Situationen (ein Elternteil wurde in einem Krankenhaus schlecht behandelt oder ein Mitarbeiter muss entlassen werden); wichtig scheint hier die ausgewogene Diät an Beispielen zu sein, das Berücksichtigen von vielen verschiedenen Situationen, in denen sich Liebe „trotz allem“ zeigt.

2) Ich würde einladen, über Bilder nachzudenken und daran Fragen zu knüpfen – was sind Bilder für die Liebe? Etwa das Bild des Hauses (einen Menschen zu lieben ist wie das Bauen eines gemeinsamen Hauses) oder das Bild des Gartens (einen Menschen zu lieben ist wie das Pflegen eines Gartens, der Ordnung und Sicherheit bietet, aber auch immer wieder Überraschendes, Blühendes und Neues). An diese Bilder kann man Fragen anschließen: Was ist beim gemeinsamen Hausbau zu beachten, etwa in Bezug auf Umsicht und vorausschauendes, langfristiges Denken? Wie pflegt man einen Garten, sodass die Pflanzen wachsen und gedeihen?
3) In einem dritten Schritt würde ich „das Bedeutungsfeld" von Liebe abstecken – welche Begriffe sind wichtig, will man den Begriff der Liebe gut und tief verstehen? Etwa: Freude, Höflichkeit, Achtung, Feinfühligkeit, Sorge, Bindung, Dankbarkeit. Über jeden Begriff würde ich nachdenken – Freude als Frucht der Liebe etwa ist ein „starkes Ja zum Leben, das die Kraft hat, die Wirklichkeit zu verändern", Höflichkeit als ein Ausdruck von Liebe ist behutsamer Umgang mit Menschen, der Zeit und Raum lässt. Achtung als grundlegende Sprache der Liebe ist die aufmerksame Anerkennung, dass andere Menschen mich zu etwas verpflichten. So würde ich mich dem Begriff der Liebe über andere Begriffe annähern.

4) Viertens würde ich in einem Kurs über die Liebe Theorien oder Zugänge zur Liebe vorstellen, vor allem drei: Einen Menschen zu lieben bedeutet, dass ein Ich einem anderen Ich zum Du wird und dadurch ein Wir entsteht; dieses Wir bedeutet, dass das Wohl der einen Person mit dem Wohl der anderen Person verbunden ist und dass mehr und mehr Sätze in der ersten Person Plural (Wir-Sätze) gebildet werden können. Eine zweite Annäherung: Einen Menschen zu lieben bedeutet, sich für starke und tätige Sorge für diesen Menschen zu entscheiden; hier hat Liebe mit Verantwortung und Bindung zu tun. Und eine dritte Überlegung: Einen Menschen zu lieben bedeutet, in ihm einen Wert zu sehen, den andere nicht sehen. Das nennt man manchmal die Wert-Theorie der Liebe. Alle haben etwas für sich und helfen im Verstehen der Liebe.
5) In einem Kurs über die Liebe würde ich dann Beispiele nahebringen, Beispiele von Meisterinnen und Meistern der Liebe, Beispiele von Menschen, von denen man so viel über die Kunst der Liebe lernen kann; ich kann hier etwa an Betsie ten Boom denken, die durch Verrat ins Konzentrationslager Ravensbrück gekommen ist und keinen Hass auf den Verräter empfand, sondern nur Betroffenheit: Was muss dieser Mensch für Wunden tragen, dass er zu so etwas fähig ist! Ich

kann hier von Pedro Arrupe erzählen, der ein heiligmäßiger Mensch war und auch denjenigen, die ihm geschadet haben, großzügige Gastfreundschaft gewährte. Ich kann auch von unserer Freundin Felicia erzählen, die gerade auch in Krankheit und Tod eines Kindes eine Autorität in der Liebe ausstrahlt. Solche Beispiele liefern dichte Beschreibungen eines liebevollen Lebens; sie schenken uns Anhaltspunkte und einen Sinn für Weite.

6) Schließlich dürfen in einem Kurs über die Liebe konkrete Übungen nicht fehlen. Es mag eine gute Übung sein, ein Liebestagebuch zu führen und jeden Abend darüber nachzudenken, wie man in bestimmten Situationen gehandelt hat, ob es Fortschritte auf dem Weg zur Liebe gibt. Eine gute Übung mag auch die Vorbereitung auf den Tag sein, in der man sich einstellt, liebevoll zu handeln. Empfehlenswert ist sicher auch das Bauen an guten Gewohnheiten, die es leichter machen, den Alltag liebevoll zu gestalten, die Gewohnheit eines gesunden Lebensrhythmus, der grundsätzlich Gelassenheit ermöglicht, oder die Gewohnheit, niemals im Zorn zu reden oder zu schreiben, sondern durchzuatmen und Zeit verstreichen zu lassen. Eine gute Übung könnte eine „kleine Autobiographie der Liebeserfahrungen" sein – wann hast du wie über die Liebe gelernt?

Was sind wichtige Erfahrungen, bedeutsame Sätze, gewichtige Situationen? Eine gute Übung ist auch die Suche nach Versöhnung mit Menschen, das gezielte Bemühen darum, Hindernisse aus dem Weg zu räumen und die Vergangenheit zu heilen. Kein Zweifel: diese Übungen sind echte und anstrengende Arbeit an uns selbst, aber das wäre ein Kurs über die Liebe in jedem Fall. Ein Kurs ist wie eine Reise, die ein Ziel hat, an dem man aber nie endgültig ankommt.

EINE REISE MIT VIELEN STATIONEN – ODER IN VIELEN BRIEFEN

Ein Leben, das sich um die Liebe bemüht, ist eine Reise, ein Weg. Ein Band der Tagebücher von Thomas Merton, nach seinem Tod veröffentlicht, trägt den Titel *Learning to Love*, „Lernen zu lieben". Das ist ein schönes Bild: Hier lesen wir vom Ringen eines Menschen, der versucht hat, in seinem Leben das Lieben zu lernen; weniger dadurch, dass er auszog, als dadurch, dass er einzog, Einkehr hielt in sich selbst. Ja, man kann das Leben sehen als eine Lernreise auf der Suche nach der Kunst der Liebe. Man könnte sich einen solchen Lernweg als eine Reise vorstellen; ähnlich wie die Reise des kleinen Prinzen, die Antoine de Saint-Exupéry beschrieben hat.

Man könnte sich einen Lernweg zur Liebe aber auch als „Reise in Briefen" vorstellen, als das Abfassen von Briefen an Menschen, die man liebt. Ein solcher Brief kann ein Feuerwerk sein, aber auch wie eine tiefe Wunde; wenn man Franz Kafkas Briefe an Milena liest – „ich lebte von deinem Blick“ –, kann das schmerzhaft sein, er ringt mit seiner Liebe, dem Nichtzugebenkönnen des Ausmaßes dieser Liebe und der Einsicht, dass Milena für ihn so viel mehr bedeutet als er für sie. Kafka denkt an sie und „über-denkt“, übertreibt das Denken, wie wir einem Brief vom April 1920 aus Meran entnehmen können: „Liebe Frau Milena, von Prag schrieb ich Ihnen einen Zettel und dann von Meran. Antwort bekam ich keine. Nun waren ja die Zettel keiner besonders baldigen Antwort bedürftig und wenn Ihr Schweigen nichts anderes ist als ein Zeichen verhältnismäßigen Wohlbefindens, das sich ja oft in Abneigung gegenüber dem Schreiben ausdrückt, so bin ich ganz zufrieden. Es ist aber auch möglich – und deshalb schreibe ich – daß ich Sie in meinen Zetteln irgendwie verletzt habe (welche gegen allen meinen Willen grobe Hand hätte ich, wenn das geschehen sein sollte) oder, was freilich noch viel schlimmer wäre, daß der Augenblick ruhigen Aufatmens, von dem Sie schrieben, wieder vorüber und wieder eine schlechte Zeit für Sie gekommen ist.“ – Kafka quält sich und quält sie mit seinen Selbstzweifeln. Das zu lesen tut weh; schmerzhaft kann auch die Lektüre der Briefe von Hilde Domin an ihren Ehemann Erwin Walter Palm sein, der mit der Begabung und dem Erfolg seiner Frau seine Schwierigkeiten hatte. Hier ringen „Ich“ und „Du“ und „Wir“ miteinander.

Berührend ist es, die vielen Briefe zu lesen, die Lew und Swetlana Mitschtschenko einander zwischen 1946 und 1954 geschrieben haben, etwa zweimal pro Woche. Lew war nach den Irrungen und Wirrungen des Krieges zu einer zehnjährigen Haftstrafe in einem Gulag verurteilt worden; in den Briefen richten sie einander auf, wollen einander Gutes und sagen einander das Gute zu; im Jahr 1949 kann Lew etwa schreiben: „Ich möchte, dass Du häufiger lächelst, öfter singst oder etwas vor Dich hin summst und dass Du die Augen ein wenig zusammenkneifst, wie Du es tust, wenn Du etwas lustig findest, oder dass Du sie, mit einem leichten Stirnrunzeln, weit öffnest, weil Du etwas siehst, das Dich glücklich macht.“ Die Briefe, mit denen sie einander Mut machen („wir werden dies durchstehen“), hat der britische Historiker und Russlandexperte Orlando Figues gesichtet und in Übersetzung herausgegeben. Die Briefe sind ein beredtes Zeugnis dafür, dass die Liebe zu einem Menschen diesen Menschen zum selbstverständlichen Teil und Bezugspunkt des eigenen Lebens machen kann; so kann Lew in einem Brief an Swetlana auch schreiben: „Du warst meine Welt und wirst meine Welt bleiben, und was Du auch warst, für mich wirst Du immer meine Swet, mein Licht, sein" – und Jahre später, nach einem Besuch: „Du bist immer noch überall bei mir. Wenn mir etwas Schönes einfällt – eine Melodie oder ein Vers von Puschkin oder Burns oder ein Gemälde –, denke ich stets an Dich und habe Dein Gesicht und Deine Augen vor mir."

Um eine Reise zur Liebe in Briefen geht es in diesem kleinen Buch. Es sind Briefe aus Liebe und Briefe über die Liebe; Briefe an die Nächsten der Familie, Briefe an Lehrerinnen und Meister der Kunst der Liebe, schwierige Briefe und kurze Briefe. Die wichtigsten Anhaltspunkte werden in einem abschließenden Wörterbuch gesammelt. So sollen Pflastersteine für einen Weg zu Sprachen der Liebe zusammengetragen werden. Es ist vor allem eine Einladung, das Erlernen dieser Sprachen ernst zu nehmen und die „Liebe zur Liebe" zu entdecken.

I. BRIEFE AN NÄCHSTE

„ICH KANN MEIN GLÜCK KAUM FASSEN“

—— An Ehefrau Maria

Liebste,

immer schon: habe ich Dich geliebt – in jener Suche nach Hafen und Halt, die stets Dir gegolten hat, auch wenn ich es noch nicht wusste; immer schon hab ich sie getragen – die Liebe zu Dir – in einem zerbrechlichen Gefäß, das fest und behutsam gehalten werden will. Das ist der eine Satz, an dem ich mich festhalte: „Immer schon“. Immer schon warst Du gemeint als die Liebe meines Lebens. Auch auf den Lernwegen in diesem „Immer schon“.

„Immer schon“ – das erste Wort, an dem ich mich festhalte. Und ein zweites – der Satz: „Ich kann mein Glück kaum fassen.“ Hier bräuchte ich ein Wort für das freudige, anfängerhaft ungläubige Staunen darüber, dass es wahr ist, dass es sich so zugetragen hat; ein Wort für das Gegenteil von Selbstverständlichkeit. Denn es ist ganz und gar unselbstverständlich, dass wir einander gefunden haben. Und doch: Ich suche auch nicht das Wort für das Gegenteil von

Selbstverständlichkeit, weil die vertraute, vertrauende und alltagsschaffende Liebe ja an dem baut, was unausgesprochen bleibt und doch klar ist, also an Selbst-Verständlichem.

„Ich kann mein Glück kaum fassen“ ist dann ein Satz, der nicht nur atemlos und überwältigt gesprochen wird, sondern auch ruhig und gelassen; es ist nicht zu fassen, nicht auszuschöpfen und nicht auszuloten, dass und warum wir einander gefunden haben; das Glück ist, sozusagen, mit Händen greifbar, aber unfassbar.

Das war meine Erfahrung, als wir uns kennengelernt haben; und das ist sie immer noch. Unfassbares Glück. Dich zu lieben heißt für mich neu anzufangen. Immer wieder neu. Den Zauber des Anfangs nicht zu vergessen, den Zauber des Aufbrechens einer neuen Welt. Den Zauber auch, scheu an der Schwelle zu stehen. Dich zu lieben heißt für mich, zögernd an der Schwelle zu heiligem Boden zu stehen. Und dieser heilige Boden macht alles neu.

Per Andersson hat eine wunderschöne Liebesgeschichte aufgeschrieben: *Vom Inder, der mit dem Fahrrad bis nach Schweden fuhr, um dort seine große Liebe wiederzufinden.* Es ist die wahre Geschichte von Pikay und Lotta, er: indischer Porträtzeichner, sie: schwedische Weltreisende. Sie begegnen einander in Neu-Delhi; sie reist nach Schweden zurück, sie sind getrennt und dann begibt er sich auf die abenteuerliche 7000-Kilometer-Reise nach Schweden – mit dem Fahrrad. Ein Abenteuer, das ihn auch nach Österreich führt, nach Wien mit seinen massiven Häusern, sauberen Straßen, ordentlich gekleideten Menschen und der beherrschten Ruhe. So erlebt er es wenigstens.

Irgendwo in diesem Buch steht der Satz „‚Du hast mich an Gott glauben gemacht', hatte sie zu ihm gesagt." Der Satz erinnert mich an den Grundgedanken in Yann Martels Buch *Life of Pi*, deutsch: *Schiffbruch mit Tiger*; im Vorspann zu diesem mit dem Booker-Preis ausgezeichneten und auch aufwändig verfilmten Buch heißt es: „Ich habe eine Geschichte, die Ihnen den Glauben an Gott geben wird." Diese schlichte Aussage ist eine ungeheure Ankündigung am Anfang einer Geschichte, die einen an den Rand der Vorstellungskraft bringt, eine Geschichte von einem Schiffbruch mit Tiger. Die Geschichte hat die Kraft, den Glauben an das, woran nur geglaubt werden kann, zu stärken.

So geht es mir mit unserer Liebe – „einen Menschen zu lieben heißt, das Antlitz Gottes zu sehen", hatten wir schon bald erkannt. Pikay hat die Liebe erfahren als das, was dir die Kraft gibt, zu vergeben. Seit er Lotta gefunden hat, hat er, der Kastenlose, der so oft in seinem Leben gedemütigt worden war, keine Rachegefühle mehr verspürt. Einen Menschen zu lieben heißt, vergeben zu können.

Pikays Vater hat auch wichtige Gedanken über die Liebe – er sagt feierlich zu seinem Sohn: „Sorge dafür, dass sie niemals Grund hat zu weinen." Und: „Wenn doch einmal Tränen über ihre Wangen laufen, dann lass nie zu, dass diese Tränen auf den Boden fallen" – das bedeutet: Du musst immer zugegen sein, um deine Frau zu trösten. Einen Menschen zu lieben heißt, die Tränen des geliebten Menschen aufzufangen. Wir beide wissen, dass das eine erlittene Einsicht sein kann.

Das sind tiefe Gedanken, die natürlich nicht vergessen lassen sollen, dass unsere Liebe vor allem auch mit Alltag zu tun hat, mit aufregenden Dingen wie kaputten Kaffeemaschinen, verstopften Toiletten, Autoreparaturen, Wäschewaschen und Schuldenbezahlen. Alles ist auf seine Weise Ausdruck von Liebe, von Bindung, von „Wir", von gemeinsamem und geteiltem Leben. „Alles Gewöhnliche, aber nicht auf gewöhnliche Weise" (omnia communia sed non communiter), so steht es im Tagebuch von Papst Johannes XXIII., der sich als Vertreter des Vatikans in Bulgarien recht verloren vorkam, einsam war und sich vor allem auch mit gewöhnlichen Tätigkeiten tröstete. Dich zu lieben heißt für mich auch: Alltag bauen und Alltag durchtragen. Geschirr und Gedecke, Wäsche und Reifenwechsel.

Durch die Weite und Festigkeit des Alltags finde ich einen dritten Ankersatz: „Maria, du bist es."

Das ist der dritte Satz, an dem ich mich festhalte; im Evangelium werden ja die Apostel nachts im Boot mit der Einsicht beschenkt: „Fürchtet euch nicht, ich bin es!“ (Matthäus 14,27). Ich erfahre das Leben mit Dir als die beglückende Einlösung des Satzes „Freu dich, ich bin es“. Du bist es, die, auf die ich zugegangen bin; die, mit der ich gehen darf.

Im Japanischen gibt es ein schönes Bild für die Liebe zwischen zwei Menschen – sich unter einem gemeinsamen Schirm finden. *Ai-ai-gasa* ist ein Begriff, der auf die Zeit zurückgeht, in der Mann und Frau einander in der Öffentlichkeit nicht nahe sein und nahekommen konnten; eine der seltenen Gelegenheiten, ein wenig Körperkontakt zu haben, war das Zusammenrücken unter einem Schirm an einem Regentag. Einen Schirm zu teilen wurde dann zum Symbol für die Liebe.

Einen Menschen zu lieben heißt, ihm Schutz unter einem Schirm anzubieten, mit ihm einen Schirm zu teilen, der vor Regen schützt. Ich habe einmal gehört, wie jemand einem Kind erklärt hat: „Ein Schirm ist ein Dach aus Stoff mit einem Stock daran.“ Das ist vielleicht keine geschliffene Definition, aber eindrücklich und verständlich. Ein aufgespannter Schirm gibt ein Dach über dem Kopf, schützt vor einer gewissen Form der „Obdach-Losigkeit“, der Schutzlosigkeit.

Liebe schützt; Liebe hält Regen ab, Liebe lässt zwei Menschen zusammenrücken; wenn wir unter einem Schirm gehen, spüre ich Dich, wir müssen eng nebeneinander gehen, um unter einem Schirm Platz zu finden. Das Gehen unter einem gemeinsamen Schirm kann nur dann gelingen, wenn wir gemeinsam Rhythmus und Takt suchen. Dann bleiben wir im Trockenen. Ich habe Deinem Vater versprochen, Dich nach Kräften vor Nässe und Kälte zu schützen – auch vor der Nässe von Tränen, die nicht zu Boden fallen dürfen.

Dich liebend, Dein Mann

„MICH AUFWECKEN LASSEN“

—— An meine Tochter Magdalena

Liebe Magdalena,

Du warst immer ein aufgewecktes Kind; das weißt Du. Ein aufgewecktes Kind nimmt die Welt und die Menschen wahr, ist wach und wachsam, aufmerksam und neugierig, interessiert und engagiert, geht auf die Welt zu, gestaltet diese Welt.

Der heilige Thomas von Aquin hat die Dummheit als „Abstumpfung der Sinne“ beschrieben, als Eigenschaft von Menschen, die halbschlafend durchs Leben taumeln, nicht hören und zuhören, nicht sehen und beobachten, eher gelangweilt als inspiriert sind von dem, was ist. Da hat er nicht von Dir gesprochen.

Du warst immer ein aufgewecktes Kind. Und ein aufweckendes Kind, ein Kind, das nicht immer eingeschlafen ist, wenn wir als Eltern meinten, es wäre an der Zeit. Du weißt: Wir haben Deine ersten beiden Lebensjahre in Chicago verbracht, ich hatte damals ein Stipendium und kaum andere Verpflichtungen und war viel daheim und viel mit Dir unterwegs. Deine Mama und ich sind stundenlang mit dem Kinderwagen spazieren gegangen, durch die schönen Straßen von Hyde Park, Du hast selig geschlummert und abends haben sich Deine unerfahrenen Eltern, fernab von eigenen Eltern und kindeserfahrenen Menschen, gewundert, dass Du nicht eingeschlafen bist. Dein lautstarker Protest gegen die Zumutung, schon wieder einschlafen zu sollen, hat uns selbst vom Schlafen abgehalten oder auch in der Nacht aufgeweckt. Einmal bin ich in meiner Verzweiflung, weil Dich sanftes Schaukeln am ehesten schlafen ließ, mit unserem alten großen schiffsartigen Chevrolet um Mitternacht in die Stadt hineingefahren, und in der Tat, Du bist weggedämmert. Ich sehe noch die Lichter von Chicago vor mir und erinnere mich an die Dankbarkeit, im sicheren Auto zu sitzen, die Kulisse zu erleben – und ein schlafendes (!) Kind im Auto zu haben.

Natürlich hast Du als Baby das gemacht, was junge Eltern auf dem Weg zur Heiligkeit weiterbringen sollte (ja, das steht im Konzilsdokument *Gaudium et Spes* unter Nummer 48: „Die Kinder als lebendige Glieder der Familie tragen auf ihre Weise zur Heiligung der Eltern bei“). Du hast uns also „auf Deine Weise“ geholfen, bessere Menschen zu werden: Du hast uns den Schlaf geraubt; da waren Hunger, die Kämpfe mit der Verdauung, Unwohlsein wegen voller Windeln, das Gebrüll und das Weinen als einstmals einzige Antwort. So hast Du uns immer wieder aufgeweckt. Nacht für Nacht.

Das war ein Weg – unter anderem der Weg hin zur Dankbarkeit für ein schlafendes Kind. Als ich nach Deiner Geburt, Dich und Mama im Krankenhaus lassend, nach Hause gefahren bin, um ein paar Dinge zu holen und nach durchwachter Nacht ein wenig zu schlafen, bin ich voller Erwartung ins Krankenhaus zurückgekehrt und habe mich auf meine Tochter gefreut. Ich wollte sie in den Arm nehmen, ihr sagen „Wir werden gemeinsam die Welt entdecken" und ich habe mich auf die großen, vertrauensvollen Augen gefreut, die mich abenteuerlustig anschauten; Du weißt: Ich war so enttäuscht, dass Du geschlafen hast, und wollte Dich – einmal, ein einziges Mal und nie wieder in Babyzeiten – aufwecken. Da hättest Du schon viel an Liebesfähigkeit gezeigt, Dich ohne Groll aufwecken zu lassen. Das ist nämlich nicht besonders lustig, aus dem Schlaf gerissen zu werden.

Einen Menschen zu lieben heißt, sich von ihm aufwecken zu lassen.

Ich möchte diesen Gedanken festhalten; siebzehn Jahre später weckst Du Deine Eltern wieder auf; nicht durch Gebrüll und nicht wegen Hunger oder voller Windeln; sondern durch schlichtes Heimkommen zu nachtschlafender Stunde. Diese Stunde heißt nicht von ungefähr „nachtschlafen“; es ist eine Stunde, gedacht dafür, dass man sie mit Schlaf füllt, so wie man Salz in einen Salzstreuer füllt; und nicht so sehr, um das Salz von Geräusch und Bewegung in die Wunden der Ruhenden zu streuen.

Längst hat sich der Mechanismus der Natur, dass Kinder vor den Eltern schlafen und mehr Schlaf brauchen, verabschiedet; die erschöpften Eltern dämmern dahin, während die Kinder putzmunter sind.

Unterschiedliche Rhythmen schaffen Reibungsflächen. Natürlich bist Du rücksichtsvoll; und natürlich gehst Du auf Zehenspitzen; und natürlich ist es sozusagen Pech, dass Dein Zimmer und das Elternschlafzimmer in einem hellhörigen Haus aneinandergrenzen und wir recht unterschiedliche Arbeits- und Schlafrhythmen haben. Da sind Reibungsflächen unvermeidbar, gewissermaßen aus strukturellen Gründen. Und es ist nicht Deine Schuld, dass ich so schwer einschlafen kann, wenn der Schlaf unterbrochen wurde. Das liegt sozusagen in den Strukturen.

Das bringt mich auf den Gedanken von „Strukturen der Liebe“. In der christlichen Sozialethik ist viel von „Strukturen der Sünde“ die Rede, von Strukturen, die Ungerechtigkeit erzeugen und abwegiges Verhalten fördern und es einem Menschen schwer machen, redlich zu sein und redlich zu handeln. Wenn ein ganzes System korrupt ist, ist es schwer, sich der Dynamik zu entziehen. Analog ist es eine Sache von Liebe und Klugheit, Strukturen einzurichten, die es Menschen möglichst leicht machen, sich als liebevolle Menschen zu verhalten. Gute Abmachungen sind ein solches Beispiel.

Gute Abmachungen formen „Strukturen der Liebe"; es ist für einen Menschen, der liebevoll sein möchte, klug und vernünftig, das Leben so einzurichten, dass es möglichst leicht ist, ein liebevoller Mensch zu sein; das hat auch mit Ordnungen und Strukturen zu tun. Man kann ein Haus planen, in dem unterschiedliche Lebensrhythmen gut nebeneinander untergebracht werden können; das ist eine Frage der „Struktur der Liebe"; man kann aber auch Vereinbarungen treffen, die die Möglichkeit der Reibung herabsetzen; wir haben uns zum Beispiel ausgemacht, dass Du im Wohnzimmer schläfst, wenn Du später heimkommst; das ist eine Frage der „Struktur der Liebe". Strukturen der Liebe wollen klug und kreativ geplant sein. Und das Schöne ist: Wir können miteinander reden, uns diese Strukturen der Liebe ausmachen, Abmachungen treffen.

Wir haben uns ausgemacht, dass wir gemeinsam nach Graz fahren, zu zweit, damit Du Dir die Stadt einmal anschauen kannst. Du wirst Dinge sehen, die ich nicht sehe; Dir werden Details auffallen, die mir nicht auffallen. Ich lasse mich gerne aufwecken von

Dir. Du bist ja wunderbar begeisterungsfähig. Und weckst damit viele auf.

Und dabei bist Du auch noch taktvoll – denn manchmal braucht es viel Takt, wenn Du jemanden aufweckst. So wie damals, als Du mich aufgeweckt hast durch das Fragen; Du hast mich etwas zur Spanischhausübung gefragt, das ich nicht wusste; sehr taktvoll hast Du nicht weiter darauf beharrt, sozusagen selbstverständlich Grenzen schläfrigen Nichtwissens akzeptiert. Danke dafür.

Liebe Magdalena, ich bin gerne Vater, ich bin sehr gerne Dein Vater. Das wären sicher viele. Doch ich habe hier das große Los gezogen. Das macht mich sehr dankbar – und hellwach!

In Liebe, Papa

„WO DAS GESÄSS IST“

— An meinen Sohn Gabriel

Lieber Gabriel,

es wird das dritte Lied gewesen sein, das Justin Bieber in der Allstate Arena in Richmond, Illinois, gespielt hat. Vielleicht *Where Are U Now* oder *I'll Show You.*

Ich war einer von vielen in der Arena, sicher bei den Ältesten, den Allerältesten. Sicher auch in der Geschlechterminderheit angesichts der vielen Teenagermädchen. Du hast Dich nicht beirren lassen, Du warst ganz im Augenblick, hast Dich nach dem Lied zu mir umgedreht und geflüstert – „flüstern“ in diesem Zusammenhang heißt „leise brüllen“ – also, Du hast geflüstert: „Es ist so toll.“

Und ich war glücklich, auch ganz im Augenblick. Es gibt ja kein Wort dafür im Deutschen, ein Wort wie „Glücksglück“ oder „Freudenfreude“ (als Gegenbegriff zu „Schadenfreude“); es ist das Glück, einen geliebten Menschen glücklich zu sehen, die Freude darüber, dass sich ein geliebter Mensch freut. Das war jedenfalls der größere Teil meiner Freude bei Justin Biebers Konzert, zu dem ich, ausgerüstet mit Ohropax, Stirnband und Kapuze, gefahren bin – mit Dir, für Dich, Deinetwegen.

Im Hebräischen, fällt mir ein, gäbe es ein Wort für das, was ich empfunden habe, „firgun", sich an der Freude eines anderen freuen, vom Wortstamm her über das Verb „farginen" verwandt mit dem deutschen Wort „vergönnen". Das war für mich das Justin-Bieber-Konzert – eine Erfahrung von „firgun", von „Freudenfreude". Ich will damit nicht sagen, dass mir das Konzert als solches gar keine Freude gemacht hätte, aber, nun ja, entscheidend war doch das „firgun"-Moment. Einen Menschen zu lieben heißt, sich an seiner Freude zu freuen.

Beziehungen führen uns auf Wege, die wir uns selbst nicht aussuchen würden; das steht im Johannesevangelium, sogar ziemlich passend für unsere Situation – da erfährt Petrus: „Als du noch jung warst, hast du dich selbst gegürtet und konntest gehen, wohin du wolltest. Wenn du aber alt geworden bist, wirst du deine Hände ausstrecken und ein anderer wird dich gürten und dich führen, wohin du nicht willst" (Johannes 21,18). In der Allstate-Arena bin ich mir richtig alt vorgekommen; ich wurde von Dir auf das Konzert aufmerksam gemacht und Du hast die Plätze ausgesucht. Einen Menschen zu lieben heißt auch, Wege zu gehen, die man sich selbst nicht aussuchen würde.

Die Wege und auch die Orte, die ich mir nicht aussuchen würde, erfahre ich immer wieder in unserem Einander-gegenüber-Sein. Du bringst mich in Situationen, die ich mir nicht aussuchen würde, ein Gespräch mit einer Mathematiklehrerin in Seekirchen ist mir noch gut in Erinnerung; oder auch, als ich mich um ein Uhr nachts auf einer Autobahn zwischen der Steiermark und Oberösterreich wiederfand, weil ich Dich auf Deinen Wunsch hin in der Nacht aus dem lieblichen St. Stefan ob Leoben abgeholt habe. Du bringst mich an Orte, die ich ohne Dich nicht aufsuchen würde – erinnerst Du Dich an die Schuhgeschäfte, die wir an drei verschiedenen Ecken Chicagos aufgesucht haben? Erinnerst Du Dich an das Unfallkrankenhaus in Salzburg? Oder den Zug im Freizeitpark Toverland im holländischen Venlo?

Du bringst mich in Rollen, die ich mir nicht aussuchen würde – ich spiele gern den Part des großzügigen, ermöglichenden und unterstützenden Vaters; ich finde mich jedoch immer wieder in Situationen, in denen ich „Nein" sagen muss, da werde ich mir geradezu unsympathisch. Die Liebe ist Lernschule. Da verstehe ich die Zeile in Czesław Miłosz' Gedicht „Die Gabe", in dem es heißt: „Ich schämte mich nicht zu denken, ich sei, wer ich bin." Ich schäme mich manchmal, wenn ich daran denke, wie ich in einer Situation, die ich mir nicht ausgesucht habe, reagierte. Fein ist die Linie zwischen Lernzone und Panikzone.

Es gibt ein schönes Kinderbuch von einer Wiener Autorin, da sagt ein Religionslehrer beim Elternsprechtag immer und immer wieder. „Dieses Kind braucht viel Liebe." In der Tat: viel Liebe. Sehr viel Liebe. Das brauchst Du und das will ich Dir geben, zweifle bitte nie an meinem guten Willen, an meinem Dir-Gutes-Wollen. Du wirst einmal um die schlafarmen und sorgenvollen Nächte wissen, die dieser gute Wille mit sich bringen kann.

Liebe „zeigt sich" – aber vielleicht am wenigsten in Worten. Der jüngst verstorbene amerikanische Jesuit Daniel Berrigan hat über den Glauben gesagt: „Dein Glaube ist selten dort, wo dein Kopf ist; dein Glaube ist auch selten dort, wo dein Herz ist. Glaube ist dort, wo dein Hinterteil sich befindet." Diesen Gedanken kann man wohl auch auf die Liebe übertragen: Liebe zeigt sich vor allem auch dort, wo sich das Gesäß befindet (Berrigan verwendet übrigens ein stärkeres Wort, aber das muss ja nicht sein). Wenn ich das Katzenklo ausleere, das Kistchen unseres verdauungsfreudigen Katers, den wir Dir zuliebe und auf Deine Bitte hin angeschafft haben – dann zeigt sich in dieser Tätigkeit sozusagen auf handfeste Art eine Form von Liebe. Wenn ich mich mit Dir in Modegeschäften wiederfinde, in denen ich mich fehl am Platz fühle, dann möge das ein Wort in einer Sprache der Liebe sein. Wenn ich mit Dir auf der Sommerrodelbahn in einem Vehikel sitze und Deinen tollkühnen Manövern ausgeliefert bin, so ist diese Situation wie auch jede Schreckensbekundung eine Sprache der Liebe.

Ich verbringe gern Zeit mit Dir, auch wenn es nicht die Worte sind, die uns zusammenbringen; ich freue mich sehr, wenn ich von vielen Seiten höre, wie besonders Du bist, es bringt mein Herz zum Klingen, wenn ich sehe, wie Du mit Tieren umgehen kannst. Da kniest Du Dich einfach im Haus Deiner Großmutter vor den Hund und streichelst ihn, gerade, dass der nicht zu schnurren beginnt. Ja, die Liebe zeigt sich daran, wo das Gesäß ist.

Lieber Gabriel, Du bist eine starke Persönlichkeit, stark auch durch das regelmäßige Gewichteheben; den „Kipppunkt", an dem Du stärker geworden bist als ich, haben wir hinter uns gelassen. Und das ist gut so. Nun geht es darum, dass Du Deinen Weg gehst. Mit Lebenssicherheit. Von einem lebenswerten Leben hinein in ein lebenswertes Leben.

Wie singt Justin Bieber: „Das Leben ist es wert, gelebt zu werden" („life is worth living")?! Dein Leben ist es wert, gelebt zu werden. Es ist beglückend für mich, dass Du lebst. Mögest Du immer einen Engel im rechten Augenblick haben (auch davon erzählt das Lied).

Das wünscht Dir
Dein Papa

„DANKE, DASS DU NICHT DEIN BESTES GIBST"

—— An meinen Sohn Jonathan

Lieber Jonathan,

wir haben in unserem Garten in South Bend Fußball gespielt, Du und ich; das eine Tor zwischen den Verkehrshütchen, das andere Tor zwischen zwei Bäumen; wir haben ritterlich gekämpft sozusagen, es hat uns beiden Spaß gemacht und Du hast zu mir gesagt: „Danke, dass du nicht dein Bestes gibst!"

Das ist ein schöner Satz; und auch ein Satz, der bei mir ein wenig Traurigkeit zum Schwingen bringt; denn natürlich gebe ich mein Bestes, natürlich will ich Dir das Beste geben, das ich geben kann, wie beschämend wenig es auch immer ist. Natürlich will ich Dein Bestes und Dir das Beste geben. „Wenn du wüsstest, wie sehr ich mich bemühe", dachte ich bei mir. Natürlich laufe ich nicht so schnell, wie ich laufen könnte; und natürlich spiele ich nicht mit dem, was ein Fußballer seinerzeit als „internationale Härte" bezeichnet hat; sonst würde es uns beiden bald keinen Spaß mehr machen. Und natürlich ist es so, dass ich (derzeit noch ein wenig) besser Fußball spiele als Du, aber das wird sich bald ändern.

Und dann spinne ich den Gedanken weiter, denke an unsere „Memory"-Spiele, bei denen Du immer gewonnen hast und mitunter ein Auge zudrückst; da liegt es an mir, zu sagen: Danke, dass du nicht dein Bestes gibst. Oder wenn es um gefinkelte naturwissenschaftliche Fragen geht, die Du gewissenhaft studiert hast; Du kannst hier auch ein nachsichtiger Lehrer sein, der nicht zeigt, wie viel er weiß. Oder dereinst – es kann viel schneller gehen, als gedacht –, wenn ich langsamer werde und gebrechlicher und vergesslicher, dann werden wir hoffentlich immer noch manchmal etwas spielen und da werde ich sagen, wenn ich es noch sagen kann: Danke, dass du nicht dein Bestes gibst! Und ich werde wissen oder ahnen, wenn ich dazu noch in der Lage bin, dass Du natürlich Dein Bestes gibst, mir Gutes willst und Dich dabei bemühst, mich taktvoll die Kluft zwischen uns beiden nicht zu sehr spüren zu lassen.

In der Liebe braucht es Takt und Schutz; ich erinnere mich, wie ich Dich im Dezember 2004 in den Armen gehalten habe und voll des Gefühls war: Dich will ich beschützen.

Es gibt einen berührenden Text von Astrid Lindgren nach der Geburt ihres Sohnes: „Mein Sohn liegt in meinem Arm. Er ist eine so zarte kleine Last, man spürt sie fast gar nicht. Und doch wiegt sie schwerer als Erde und Himmel und Sterne und das ganze Sonnensystem. Wenn ich heute sterben müsste, so könnte ich die Erinnerung an diese holde kleine Last mit mir ins Paradies nehmen. Ich habe nicht vergebens gelebt."

Ich glaube, ich kann diesen Text gut verstehen. So habe ich mich im Dezember 2004 auch gefühlt. Dich beschützen und durch Dich Leichtigkeit und Gewicht und Tiefe geschenkt bekommen.

Nun, zwölf Beschütz-Jahre später, immer noch: Ich will Dich beschützen, vor ungerechten Lehrern, vor groben Mitschülerinnen und Mitschülern, vor dämlichen Schultests, vor rücksichtslosen Autofahrern. Aber ich kann das natürlich nicht; und es wäre auch nicht gut für Dich.

Es ist Deine Geschichte, die Du lebst, und diese Geschichte ist einzigartig und da kommt alles vor, was in einer spannenden Geschichte Platz haben soll: Überraschungen und Freude, Glück des Gelingens, Verlust und Schmerz, Veränderung und Begegnung, die Erfahrung, im Louvre in Paris zu sein oder im Legoland bei Ulm, Bücher und Hörbücher. Und diese Geschichte geht weiter, jede Stunde, jeden Tag. Deine Geschichte.

Gehen wir noch einmal zurück in den Dezember 2004 – da warst Du ein neugeborenes Kind; was habe ich mir für Dich gewünscht? Das war ja auch der Monat, in dem ich erstmals nach London ans

King's College gefahren bin, eine Entscheidung, mit der ich sehr gerungen habe, weil ich dadurch auch viel Alltag in Deinem Aufwachsen versäumt habe.

Ich versuche mich daran zu erinnern, was ich Dir, dem neugeborenen Kind, gewünscht habe. Eine Lebensgeschichte. Welche Geschichte? Sicherlich keine eintönige Geschichte und sicherlich keine haltlose Geschichte. Und auch keine Geschichte, in der Du so schwere Lasten tragen musst, dass etwas in Dir bricht. Sondern eine Geschichte, bei der Du Dich anstrengen musst und wachsen kannst, bei der Du kennenlernen darfst, was „Menschsein" ist, mit allem Drum und Dran. Eine Geschichte, die es wert ist, erzählt zu werden, in der das, was sie erzählt, wert war, erlebt zu werden.

Oder auch: Ich wünsche Dir eine ganz wunderbare Lebensgeschichte, die Dich zum Blühen bringt. Und es soll Deine Geschichte sein.

In einem der Romane von Salman Rushdie heißt es: Wenn du die Geheimnisse einer Gesellschaft erkunden möchtest, schau auf die unübersetzbaren Wörter, schau auf die Wörter dieser Sprache, die sich nicht in eine andere Sprache übertragen lassen.

Das trifft wohl auch auf einen Menschen zu – unter liebevollem Blick tritt diese Einzigartigkeit zutage. Lieber Jonathan, Du sprichst eine einmalige Sprache der Liebe; Du hast Deine einzigartige Geschichte mit Unübersetzbarem: Du kannst stundenlang mit einer selbsterzählten Geschichte zubringen; Du liebst es, Spiele zu erklären (auch stundenlang, wenn es sein kann); Du bist fasziniert von Sprache und spielst mit Formulierungen; Du lässt Dich leicht zum Lachen bringen – Du bist das einzige Kind, das ich kenne, aus dessen Nase beim Eis-Essen Schokoladesauce geronnen ist. Du bist das einzige Kind, das ich kenne, das auf einem selbstgebastelten Lesezeichen das Wort „ehrwürdig“ zur Charakterisierung des (alternden) Vaters verwendet hat. Und Dein erhobener Zeigefinger ist auch unübersetzbar!

Wenn du eine Kultur kennenlernen möchtest, schau auf die Wörter dieser Kultur, die unübersetzbar sind, wie das finnische „kehdata“ (etwas tun, obwohl es peinlich sein könnte), das Wort „Ktsuarpok“ aus der Inuit-Sprache (die Vorahnung, dass jemand kommen könnte, im Verhalten ausdrücken) oder auch das wunderschöne deutsche Wort „Geborgenheit“.

Dieses Wort „Geborgenheit“ ist wirklich ein schönes Wort – es hängt mit „bergen“ („retten“) und mit „verbergen“ (vor Gefahren schützen) zusammen; Geborgenheit ist das, was ich Dir im Dezember 2004 am meisten schenken wollte. Geborgenheit heißt: Einen sicheren Platz haben, getragen von Menschen, denen Du wirklich wichtig bist. Bei Deiner Taufe haben wir gedichtet: „Unser lieber Jonathan, der hat’s uns wahrlich angetan.“

So ist es: Ich kann mir mein Leben ohne Dich nicht vorstellen. Es ist eine ganz große Sache, Dich zum Sohn zu haben.

Ich will Dir Geborgenheit schenken; Du sollst immer einen sicheren Platz haben; und doch: das, was ich Dir schenken kann, ist bloß „geborgte Geborgenheit", Geborgenheit auf Zeit, begrenzte Geborgenheit. Ich kann Dich nicht vor allem schützen und nicht auf Dauer. Und das tut auch weh. Einen Menschen zu lieben lässt eigene Ohnmacht erfahren.

Aber den Halt, den ich geben kann, will ich Dir gerne und immer geben. Es gibt einen schönen Brief des deutschen Dichters Matthias Claudius an seinen Sohn Johannes aus dem Jahr 1799; der Vater möchte seinem Sohn Halt vermitteln, ihm Wichtiges auf den Weg mitgeben, unter anderem die Sätze: „Die Wahrheit richtet sich nicht nach uns, lieber Sohn, sondern wir müssen uns nach ihr richten" und „Tue keinem Mädchen Leides und denke, dass deine Mutter auch ein Mädchen gewesen ist".

Die Wahrheit müssen wir finden, Jonathan, sie ist nicht beliebig biegsam. Und: Lass uns menschenfreundlich sein, denn jeder Mensch war einmal ein Kind. Und dieses Kind ist irgendwo noch da.

Sei behütet und mutig, mein lieber Jonathan!

Papa

„GOTT BEHÜTE DICH NOCH WEITER"

—— Brief an meine Mutter

Liebe Mama,

das jährlich fällige Muttertagsgedicht, eine Tradition, die Papa begonnen hat, beginnt unweigerlich mit den Sätzen: „Lieb Mütterlein zum Muttertag, wir danken Dir für Müh und Plag." Jahr für Jahr. Wie ein vertrautes Kirchenlied.

In unserer Familie werden Muttertagsgedichte geschrieben.

Erich Kästner, der sich rührend um die Beziehung zu seiner Mutter bemüht hat, hat Briefe und Postkarten geschickt; Luiselotte Enderle hat Poststücke, die Kästner im Laufe von dreißig Jahren an seine Mutter geschickt hat, ausgewählt und unter dem bezeichnenden Titel „Mein liebes, gutes Muttchen, Du: Dein oller Junge" veröffentlicht. Kästner war wohl während der Kriegsjahre auch seiner Mutter wegen in Berlin geblieben, obwohl er Kontakte zu emigrierten Schriftstellerkollegen hatte. Da hat er wohl auch mit ihr den Muttertag gefeiert, der sich seit 1908 stetig durchgesetzt hat.

Ich schreibe Dir keine Postkarten, aber Du bist einer der wenigen, ganz wenigen, ganz ganz wenigen Menschen, die ich gerne anrufe. Und wenn Du das Telefon abhebst, ist da dieses Moment von Dankbarkeit und Glück, „es kitzelt meine Seele", hätte Augustinus vielleicht gesagt. Und diese Momente haben mich in meiner Lebenskrise vor etwas mehr als zehn Jahren, als ich mich in London so fehl am Platz fühlte, über Wasser gehalten. Es gibt für dieses Lieber-Mensch-hebt-das-Telefon-ab-und-ein-Gespräch-kann-beginnen-Moment kein Wort. Aber die Momente sind kostbar.

Heute dichte ich Dir ein außermuttertägliches Muttertagsgedicht. George Steiner hat vom „Gedanken dichten" geschrieben – und sich überlegt, wie man auch Dichte in Sprache bringt. Ein gutes Gedicht ist ebenso intensiv wie ungezwungen. Schade, dass ich nicht Goethe bin – er könnte für ein solches Gedicht ein Vermögen verlangen, so wie Picasso für eine Skizze, die ihn weniger als eine halbe Minute gekostet hat. Aber da Du ganz zufrieden mit Deinem Leben bist und nicht von Habgier getrieben, hat es schon seine Richtigkeit, dass ein Gedicht keinen großen Umsatz macht, solange es von Herzen kommt.

Nun also:

Lieb Mütterlein, zum Muttertag:
Ich danke Dir für Müh und Plag.
Ein jeder Tag ist Muttertag,
denn ohne Mutter ohne Frag
hätte ich nicht Weg und Leben,
wäre mir kein Sein gegeben.

Wie schön, dass Du geboren bist,
ich hätt mein Leben sonst vermisst.
Wie schön, dass Du mich hast geboren,
sonst wäre ich gar arg verloren.

Die Kindheit, sie war wunderbar,
dunkle Momente waren rar.
Du gabst mir Lebenssicherheit,
die Welt war fest und doch so weit.

Du hast uns alle gut begleitet,
warst firm und doch auch zartbesaitet.
Dein Gottvertrauen hat gehalten
in warmen Tagen und in kalten.

Den Papa hast Du gut gepflegt,
den Familiensinn umhegt,
warst zugegen und zugange
auch in der letzten Stunde Bange.

Du setzt Dich nun für viele ein,
Flüchtlinge und Enkelein.
Singest auch, was Dir verziehen sei,
in Chören manche Litanei.

Als Mutter mutterst Du durchs Leben,
um wie ein Engelein zu schweben
nicht nur auf Berge in Tirol,
auch im Chor zum Notenwohl.

Du mutterst mit dem Telefon,
ehe es läutet, hörst Du es schon.
Du mutterst mit reichem Frühstückstisch,
beschenkst die Gäste mit Brot und Fisch.

Die Kinder sind nun aus dem Haus,
doch Enkel gibt's in Saus und Braus
in allen Farben der Pubertät.
Für Plag und Müh ist's nie zu spät.

Liebe Mama, dank Dir sehr,
der Segen sei mit Dir und mehr.
Gott behüte Dich noch weiter
auf dem Weg zur Himmelsleiter.

Das und so vieles mehr wünscht Dir in Dankbarkeit

Dein Sohn Clemens

„WAS DU ZU GEBEN HATTEST, HAST DU GERN UND GROSSZÜGIG GEGEBEN“

—— An den verstorbenen Vater

Lieber Papa,

strahlend blauer Himmel, ein wundervoller Sommertag hier im Defereggental in Osttirol; ich sitze im Haus, das Dir so viel bedeutet hat, das Deinen Lebensanker in einer lieblosen Kindheit gebildet hat; für mich ist das Haus mit dem großen Garten, den wir gestern stundenlang gepflegt haben, der Inbegriff von Unbeschwertheit. Diese Unbeschwertheit hat sich in den vielen Sommern, seit Jahrzehnten nun, in so vielen Erlebnissen ausgedrückt, die Wanderung zum Wasserfall, der Aufstieg hoch über das Dorf, die ersten Fahrstunden mit Dir, als ich vierzehn war, abenteuerlich verboten, auf einer wenig befahrenen Straße, gegrillter frisch gefangener Fisch, der schöne Spielplatz, Fußball vor der Holzhütte, Tischtennis vor dem Haus, Staudammprojekte im Bach. Ich habe Astrid Lindgrens Kinderbuch *Ferien auf Saltkrokan* immer viel abgewinnen können, weil sie da einen Sommer beschreibt, in dem nichts Spektakuläres geschehen ist, keine atemberaubenden Fernreisen, keine exotischen Abenteuer, sondern Ferien einer Familie in Schweden. Unbeschwerte Ferien. Das sind für mich die Tage und Wochen in St. Jakob im Defereggental.

Du hast uns, seit ich mich erinnern kann, diese Ferien ermöglicht, uns in das Haus mitgenommen, das Dir so viel bedeutet hat. Da warst Du auch immer heikel – hast Dir sehr gut überlegt, wen Du einlädst und vielleicht noch besser: wen nicht. Das Haus hier war Dein Rückzugsort, Deine Heimat, Quelle von Geborgenheit. Die knarrenden Holzstiegen, das duftende Zirbenholz, der Holzofen mit dem gemütlichen Knacken verbrennenden Holzes.

In diesem Haus sitze ich jetzt, Deine Enkel spielen, mitunter konfliktfröhlich, im Garten. Das verdanken wir Dir. Und sei gewiss, das ist uns bewusst. Deine Liebe hat sich vor allem darin ausgedrückt, dass Du das, was Du geben konntest, gern und großzügig gegeben hast. Manches konntest Du, gezeichnet von Krieg und Kriegsgefangenschaft, nicht geben. Es war wohl nicht Deine Gabe, Lebenssicherheit zu schenken, ein Vertrauen in das Leben und die Welt; es war auch nicht Deine Gabe, ruhig mit den kleinen Zerbrechlichkeiten des Alltags umzugehen.

Aber so viel hast Du zu geben gewusst. Im Großen und Gewichtigen warst Du ruhig und klar. „Was

Du zu geben hattest, hast Du gern und großzügig gegeben.“ Dieser Satz hat die Kraft, mein Herz zu wärmen und mir Klarheit zu schenken: Manches konntest Du nicht geben. Manches war Dir zu geben nicht gegeben. So geht es uns ja allen. Aber die unbeschwerten Sommer in Osttirol – die hast Du uns geschenkt, Jahr für Jahr.

Du bist vor mehr als sechs Jahren verstorben; die Leere, die dadurch entstanden ist, hat sich natürlich nie gefüllt; ist natürlich nie so verschwunden, als wäre nichts gewesen. Die Wunde bleibt, aber auch die Hoffnung und die Dankbarkeit. So wie die Dankbarkeit über den Ort und die Zeit hier. Die Jahre nach Deinem Tod wie auch Deine letzten fünf Lebensjahre, die Dein Leben in ein „vor dem Schlaganfall“ und „nach dem Schlaganfall“ eingeteilt haben, diese Jahre haben manches in ein neues Licht gerückt. Haben uns als Deine Familie Liebe neu erfahren und neu erkennen lassen.

Jahre nach Deinem Tod, im Abstand, zeigt sich so manches anders und neu. Da ist mir auf Umwegen ein schöner Gedanke zugefallen, Roger de Rabutin, Comte von Bussy, schrieb im 17. Jahrhundert in geschliffenem Reim: „L'absence est à l'amour ce qu'est au feu le vent; il éteint le petit, il allume le grand“: Die Abwesenheit ist für die Liebe so wie der Wind für das Feuer: Das Kleine löscht er aus, das Große entfacht er.

Die Übersetzung ist wahrscheinlich nicht großartig, aber der Gedanke ist schön: Der Wind löscht die kleine Kerzenflamme aus, davon können alle, die eine Osterliturgie mit Kerzen im Freien zu feiern versucht haben, ein Lied singen; aber der Wind – und das kennen wir von Buschfeuern und anderen großen Bränden – entfacht auch, bringt zum Brennen, weitet das Feuer. Wie oft habe ich hoffnungsvoll in das zarte Flämmchen beim Holzofen geblasen. Also: Das Kleine, die kleinen Zusammenstöße, die kleinen Enttäuschungen, die kleinen Kränkungen – sie werden ausgelöscht, durch Abwesenheit, Abstand, Entfernung. Das Große, der Blick auf die großzügigen Gaben, das Geschenkte und auch Geopferte, dieses Große wird deutlicher und erstrahlt heller.

Die Abwesenheit ist für die Liebe so wie der Wind für das Feuer: Das Kleine löscht er aus, das Große entfacht er. Der Gedanke ist schön. Im Abstand sehe ich mehr und mehr Deine Größe, die Dich, obwohl Du selbst nie glückliches Familienleben erfahren hast, uns glückliche Familie und glückliche Kindheit geschenkt hast. Im Kleinen magst Du manchmal die Nerven verloren haben, im Großen warst Du fest und ruhig. Das Kleine verschwindet, das Große zeigt sich immer deutlicher.

Der Gedanke ist auch deswegen schön, weil ich mir manchmal vorstelle, wie Du auf unser Leben blickst; wie wir rennen und laufen und uns wichtig nehmen und in Kleinem aufgehen und der Geschäftigkeit erliegen. Du hast einen Abstand, so stelle ich mir vor, zu den kleinen Dingen, die uns gefangen nehmen und beschäftigt halten.

Natürlich: Die Liebe zum Großen entscheidet sich im Kleinen, in der Verlässlichkeit des Alltags, in der Zärtlichkeit der kleinen Gesten, in der Achtung vor Details. Stets und immer und ohne Ausnahme warst Du der Verlässliche, der Gewissenhafte, Pünktliche, der, der Versprechen hält. So viel Gutes.

Deine Liebe war „selbstvoll" – sie war ganz von Dir, gegeben in einer Weise, wie nur Du sie geben konntest; Du warst Du selbst in Deiner Liebe zu uns. Was Du von Dir geben konntest, hast Du gern und großzügig gegeben. Und das warst Du auch: Du selbst. Deine Liebe war nicht abstrakt und blutleer und austauschbar, also nicht „selbstentleert" („selbstlos"), sie war Deine Sprache, voll von Dir, eben: selbstvoll.

Den Vater „ehren" heißt für mich: das Gute als Geschenktes halten; und: das Empfangene „aufheben" (im Sinne von bewahren, wandeln und nicht auf dem Boden liegen lassen).

Ich versuche zu lernen: Was ich zu geben habe, will ich gern und großzügig geben; und was ich nicht geben kann, möge mich demütig machen und mir damit auch zur Gabe werden.

Hier im Haus in Osttirol ist jetzt auch Dein Neffe Peter, für den Du viel Gutes getan hast, gerade nach der Scheidung der Eltern, die Peter als fünfjähriger Bub hinnehmen musste. Peter erzählt mit viel Liebe von Dir; von Deinem juristischen Beistand, als er in Mödling, sagen wir, Kontakt mit der Exekutive hatte; von den legendären Ausflugsfahrten mit acht Eisportionen, von Deinem Sinn für Humor (was macht man mit einem Taschentuch, wenn man eine Blähung nicht unterdrücken kann?). Das hat mich gefreut. Also nicht die Blähung, sondern die Wärme, mit der Peter von Dir erzählt hat.

Einen Menschen zu lieben heißt, sich zu freuen, dass sich andere an ihm freuen.

Lieber Papa, Du bist vorausgegangen. Wir bleiben noch ein wenig, dann kommen wir auch. Danke.

Clemens

II. BRIEFE AN MEISTERINNEN UND MEISTER

„HOCHLIEBESMUSIKALISCH“

—— An Familienfreundin Claudia

Liebe Claudia,

es ist an der Zeit, diesen Brief zu schreiben, zu dem ich innerlich schon lange unterwegs war (ich glaube, so hat es Papst Benedikt bei einem seiner Jesus-Bücher gesagt). Ich wollte Dir sagen, wie viel ich von Dir über die Kunst des Liebens lerne und gelernt habe.

Es gibt musikalische Menschen und unmusikalische Menschen; dann gibt es, wie es Max Weber genannt hat, religiös musikalische und religiös unmusikalische Menschen; Henning Mankell hat in seinem bemerkenswerten Buch *Treibsand*, das er nach seiner Krebsdiagnose im Januar 2014 (er starb dann im Oktober 2015) begonnen hat, von seinem Mangel an Religiosität gesprochen: „Ich respektiere Menschen, die an ein Leben nach dem Tod glauben. Aber ich verstehe sie nicht“, schreibt er, um dann auszuführen, dass es doch das Wunderbare und die Grundbedingung des Lebens ist, dass es nur im Hier und Jetzt ist. „Jetzt, da ich Krebs habe, bin ich oft erstaunt über

Menschen, die in ihrem Glauben Trost finden. Ich respektiere sie, aber ich beneide sie nicht." Henning Mankell ist also religiös unmusikalisch.

Du bist musikalisch – hast sogar das absolute Gehör, was bei gewöhnlichen Gottesdiensten mit ihrer musikalischen Gestaltung sicher oft schmerzhaft ist – und Du bist religiös musikalisch, mit fein ausgebildetem Sinn für das Ritual, das Göttliche, das Segensreiche, das gebetsvoll Heilende. Du bist aber vor allem hochbegabt in der Kunst des Liebens. Du bist hochliebesmusikalisch.

Du erkennst, wenn ich es poetisch ausdrücken darf, die Herzensmelodie eines Menschen, kannst auch verborgene Saiten im Herzen zum Klingen bringen. Du bist hochbegabt in der Kunst des Liebens und Du hast aus dieser Begabung sehr viel gemacht.

Du bist wie eine weise Frau im Märchen, die soziale Netze strickt; Netze, die auffangen und nicht verstricken. Kaum kommst Du an einen neuen Ort, lernst Du viele Menschen kennen, die sich bald auf Dich verlassen und sich bei Dir wertgeschätzt fühlen. Du bist Mutter von sieben Kindern und mehrfache (sechsfache?) Großmutter. Du hast Dein Haus in einen Hafen verwandelt, an dem manches pflegebedürftige Schiff einlaufen konnte. Du hast die Gabe, auch in großer Zeitnot, Menschen das Gefühl zu geben, willkommen zu sein. Einen Menschen zu lieben heißt, ihm die Erfahrung des Willkommenseins zu schenken. Willkommen zu sein bedeutet zu erfahren: Es ist gut, dass du da bist.

Vor allem zeigt sich Deine Liebensfähigkeit aber in der Kraft, liebevoll mit schwierigen Situationen umzugehen. Der Umgang mit einem schwierigen Lehrer, der Umgang mit einer äußerst heiklen Familiensituation, der Umgang mit manchen therapiebedürftigen Mitmenschen in der Pfarre.

Du handelst mit Güte und Du handelst mit Anmut. So möchte ich es ausdrücken. Mir ist klar, dass Deine pubertierenden Kinder das anders sehen mögen. Aber sie werden es zu sehen lernen. Bei Dir kann man sehr schön sehen, dass die Fähigkeit zu lieben alle anderen Fähigkeiten durchformt. Das ist ein philosophischer Gedanke: Die Fähigkeit zur Liebe durchformt alle anderen Fähigkeiten, auch das Kochen, das Fußballspielen, das Tischlern, das Dichten. Die Liebe durchwirkt all diese Tätigkeiten und verwandelt sie.

Du bist musikalisch in Sachen „Liebe", Dir fällt es, so scheint es, leicht, Menschen zu lieben; es wirkt mühelos. Es gibt ja, so fürchte ich, Menschen, die sich schwerer tun als andere, die Kunst des Liebens zu erlernen; manche sind nicht sprachbegabt, beherrschen nur eine Einheitssprache der Liebe, andere haben keinen Stil, wieder andere stehen sich selbst im Weg, sind in der Narzissmusfalle gefangen, sind ungelenk im Ausdruck der Liebe, stottern sozusagen in der Sprache der Liebe oder haben andere Sprachfehler.

Und so etwas wie „Logopädie in der Liebe" muss man erst erfinden – eine Therapieform, die langsam und behutsam mit Sprachfehlern in der Sprache der Liebe arbeitet, also mit Lieblosigkeiten.

Du wärest die ideale Person zur Eröffnung einer logopädischen Praxis zur Arbeit mit Sprachstörungen der Liebe. Da kann jemand kommen, der an „Aphasie der Liebe" leidet, an jener Störung, die ihm das rechte Wort zur rechten Zeit verweigert. Es würde diesem Menschen nicht einfallen, der Ehefrau einmal spontan Blumen zu schenken oder ein tröstendes Wort zu sagen, wenn ein Sohn bei der Prüfung durchgefallen ist; es würde diesem Menschen nicht einfallen, „Danke" zu sagen; daran kann man arbeiten.

Da kann jemand kommen, der in der Liebe stottert, wo die Liebe also nicht im Fluss ist, sondern abgehakt ist und mühsam herausgequält wird. Hier fehlt die Anmut, die Liebe so schön macht. Stottern in der Liebe kann auch heißen: Am Krankenbett oder auf der Hausbank sitzen und nicht wissen, wann man reden und wann man schweigen soll. Hier stoßen wir auf Formen gelebter Lieblosigkeit: Da hungert jemand nach einem Wort und es wird ihm verweigert; oder: da braucht jemand Nähe und Ruhe und wird mit oberflächlichem Geschwätz erstickt. Den Umgang mit dieser Unbeholfenheit in der Liebe kann man einüben.

Es kann auch ein Zeichen von Unbeholfenheit sein, wenn jemand an Dyslalie leidet, an einer Aussprachestörung. Das zeigt sich vielleicht darin, dass jemand seine Liebe dadurch ausdrückt, dass er sich gehen lässt, unhöflich wird und den Anstand fallen lässt. Das ist vielleicht ein Mensch, der vielleicht glaubt, dass die Liebe eine raue Schale braucht, dass Menschen abgehärtet werden müssen. Scott LeRette hat in seinem Buch über seinen autistischen Sohn Austin davon erzählt, dass ein einflussreicher Experte im Falle von Mobbing den Kindern rät, zurückzuschlagen; es sei Zeichen von Liebe, Kindern beizubringen zurückzuschlagen. LeRette ist entsetzt, ist das doch nicht die Sprache, die Austin lernen soll. Wäre es nicht besser, an einer Welt ohne Mobbing zu bauen?

Du wärest hier eine geeignete Therapeutin, mit Sprachstörungen der Liebe zu arbeiten. Dazu braucht es ganz besondere Menschen. Am schwersten tun sich in der Liebe ja diejenigen, die Aaron James in seinem Buch *Assholes* beschrieben hat; Menschen, die ein tief verwurzeltes exzessives Anspruchsdenken haben und ganz selbstverständlich davon ausgehen, dass ihnen mehr zusteht als anderen; Menschen, die andere nicht als moralisch ebenbürtig („gleichwürdig“) erfahren, und Menschen, die immun gegen Kritik sind. Hier verwenden wir zu Recht den Begriff, den Aaron als Titel wie Gegenstand seines Buches gewählt hat; diese Menschen sind gerade deswegen am unbegabtesten in den Sprachen der Liebe, weil sie ihre Bedürftigkeit nicht sehen.

Ein erster Schritt wäre da das Leiden daran, dass man nicht darunter leidet, vor allem an sich zu denken. Hier müsstest Du mit ganz elementaren Übungen in der Liebessprachenmusiktherapie beginnen, Töne erkennen, dann erste Nuancen sehen, Melodien herausschälen.

Du hättest die Geduld und Du hättest die Gaben, Menschen wachsen zu lassen in Wortschatz und Sprachverständnis. Ich erinnere mich noch daran, wie Du bei einem Kurs ein Herz hast basteln lassen. Sozusagen mit den Händen an der Sprache der Liebe arbeiten.

Wäre das nicht ein interessantes Experiment für Dich? Mit einem lernfreudigen Schüler 40 Tage lang an der Kunst der Liebe zu arbeiten, jeden Tag eine Übung? (Ich sehe es vor mir: der erste Tag: einüben in behutsame Sprache; der zweite Tag: ein sorgsam ausgesuchtes Überraschungsgeschenk machen; der dritte Tag: jemanden um Verzeihung bitten; der vierte Tag: ein Liebesgedicht schreiben; der fünfte Tag: langsam leben, denn die Liebe braucht Zeit …)

Oder auch: Mit einer motivierten Schülerin an einer einzigen Gewohnheit zu arbeiten, wenigstens drei Wochen lang, an einer Gewohnheit, die es leichter macht zu lieben. Vielleicht die Gewohnheit, jeden Tag einen kurzen freundlichen Brief zu schreiben, oder die Gewohnheit, eine Viertelstunde früher aufzustehen, um den Tag langsam beginnen zu können, oder die Gewohnheit, in der Mitte des Tages zehn Minuten zu schweigen?

Liebe Claudia, eine gute Lehrerin versteht es, ein Fach auf tiefe Weise zu vermitteln. Danke!

Clemens

„KEINE ANGST VOR SCHMUTZ“

—— An Janusz Korczak

Lieber Janusz Korczak,

Du bist ein Meister der Liebe; ich duze Dich, weil es nicht mehr um Sie und Du gehen wird, wenn wir uns dereinst begegnen. Du warst Kinderarzt und hast im Warschauer Ghetto ein Waisenhaus geleitet; Du hast schon in den 1920er Jahren von Kinderrechten gesprochen, immer wieder, im Radio, wurdest deswegen auch „polnischer Radiodoktor“ genannt. Du hättest Dich durch Flucht dem sicheren Tod entziehen können, bist aber – verwundert, dass man Dir eine Flucht zugetraut hätte –, bei den Kindern geblieben, bist mit ihnen nach Treblinka abtransportiert worden. 1942 bist Du umgebracht worden, 64 Jahre alt. „Man lässt ein krankes Kind nachts nicht allein, und man lässt Kinder in diesen Zeiten nicht allein“, sollst Du gesagt haben.

Du hast geschrieben und gesprochen davon, wie man ein Kind lieben soll; und Du hast es gelebt. Tag für Tag, lange Tage und schwere Tage lang; gesund war das nicht, auch nicht der viele Wodka, den Du getrunken hast. Um ein schweres Leben hast Du allerdings einmal gebetet, Du hast nicht um ein leichtes Leben gefleht, sondern um ein schweres Leben – aber nützlich, würdig und schön. So war Dein Leben dann ja auch.

Ich kenne sonst niemanden, der um ein schweres Leben gebeten hat.

Deine eigene Kindheit war auch schwer, erst behütet und wohlversorgt, dann zunehmend vom Nervenleiden des Vaters belastet. Und dann bist Du Großmeister in der Kunst des Liebens geworden, wenn ich so sagen darf. „Wie man ein Kind lieben soll" – so heißt auch eines Deiner Bücher. Das ist eine Einführung in die Kunst des Liebens.

Man darf keine Angst vor Schmutz haben und man muss peinliche Überraschungen aushalten können, wenn man ein Kind lieben will, hast Du gesagt. Man darf keine Versprechungen geben, die man nicht halten kann. Ein Erzieher muss Verantwortung für das übernehmen, was passieren kann. Er muss sich bei allem, was er tut, fragen, ob er das wirklich macht, weil er am Kindeswohl interessiert ist, oder doch nur deswegen, weil er sein eigenes Leben leichter und bequemer machen möchte. Viele Weisungen und Verbote sind nur angeblich Ausdruck von Fürsorge, in Wirklichkeit steht dahinter eigenes Unvermögen, eigene Unreife, eigene Bequemlichkeit, eigene Ängstlichkeit. Man kann Kindern etwas zutrauen.

Am schwersten tun sich in der Liebe zu Kindern diejenigen, die glauben, vom Leben stiefmütterlich behandelt worden zu sein; sie sind in ihrem Ehrgeiz enttäuscht, gefallen sich in der Ausübung von Macht und rächen sich an den Kindern für widerfahrenes Unrecht.

Ein Kind zu lieben, so habe ich von Dir gelernt, heißt, die mühselige Arbeit des Wachsens ernst zu nehmen. Ein Kind mit Achtung zu behandeln und nicht, wie so oft, mit einer Mischung aus Mitleid, Schroffheit und wenig Respekt. Ein Kind lebt nicht in einer Liliputwelt, sondern in einer Welt, in der sich all das, was die Erwachsenen kennen, auch zuträgt; hier sind Schuld und Unschuld, Tugenden und Laster, Wünsche und Träume, Zärtlichkeit und Gewalt.

Ein Kind zu lieben heißt, es hier und heute zu lieben, denn Kinder haben das Recht auf den heutigen Tag; sie haben das Recht, nicht erst mit Blick auf die Zukunft als wertvoll angesehen, nicht nur mit Blick auf ihr „Potential" betrachtet zu werden. Ein Kind wird nicht ein Mensch, ein Kind ist bereits ein Mensch. Die Liebe muss die Gegenwartsform kennen, nicht nur die Zukunft, nicht nur die Vergangenheit.

Ein Kind zu lieben heißt, ihm die Sehnsucht nach einer besseren Welt zu schenken. In jedem

Kind ist ein Funke, der die Flamme des Glücks und der Wahrheit entzünden kann. Man muss die Kinder lieben, um den moralischen Funken, der in ihnen ist, nicht zu ersticken.

Du hast diesen Funken behütet wie ein Herdfeuer, das nicht ausgehen soll; Du warst Hüter dieses Funkens und Hüter dieses Feuers. Bis zuletzt. Bis zuallerletzt.

Mit Hochachtung
Clemens Sedmak

PS: So vieles, was Du über Kinder geschrieben hast, trifft auf die Liebe zu anderen Menschen zu, die immer wieder verachtet, übersehen oder auf einen bestimmten Aspekt ihres Seins reduziert werden: gebrechliche und alte Menschen, Sterbende, Menschen, die von Armut betroffen sind, Menschen, die die Sprache eines Landes nicht sprechen. Da hast Du viele Anregungen für das rechte Wort und die rechte Sprache gegeben; auch dafür danke.

„DAS WAR ABER EIN LANGER WITZ"

—— An meinen Lehrer Hans

Lieber Hans,

was (Lehrer) Hans mir nicht beibringt, lerne ich vielleicht bei (Schüler) Hänschen, aber dann nimmermehr. Was wir nicht alles unseren Lehrerinnen und Lehrern verdanken; sie geben ja vielfach „sich selbst", da ist nicht einfach eine Botschaft, sondern der Bote ist Teil der Botschaft.

Ich will Dir schreiben, um mich bei Dir zu bedanken – für die Liebe, die Du uns Kindern geschenkt hast. Ich möchte es so nennen. Einen Lehrer, eine Lehrerin zu lieben, heißt dankbar zu sein für erfahrene Formung.

Auf einem Wandertag in der Unterstufe habe ich Dir begeistert von einem Buch erzählt; ich hatte eben Franz Werfels *Der veruntreute Himmel* gelesen und war voll von der Geschichte, die aus mir herausschwappen wollte. Du hattest zu Beginn des Anstiegs auf den kleinen Berg mit der harmlosen Frage begonnen, was ich denn jüngst gelesen hätte, und auf meine Antwort hin interessiert nachgefragt: Worum geht es in diesem Roman? Die Frage hat eine Schleuse geöffnet; Dein Interesse war wie ein Schlüssel zu dem, was mich bewegte. Und so habe ich erzählt, eine gute halbe Stunde lang, vielleicht noch länger. Ich will jetzt nicht unterstellen, dass es konditionsmäßig einfacher war zuzuhören als zu reden, sondern dankbar hervorheben, dass Du dem geltungsfreudigen Buben, der ich war, Dein Ohr geliehen hast.

Ich habe erzählt von Teta Linek, die ihren Neffen Mojmir auf seinem Weg zum Priesteramt unterstützt, ohne wirklich Interesse an ihm zu haben; von ihrem Wunsch, sich den Himmel dadurch zu verdienen, dass sie über einen Priester verfügte, der für sie Messen las; von der spannenden Dramatik des Romans, in dem sich herausstellt, dass Mojmir doch nicht Priester wurde, dies aber klug vor seiner Tante zu verheimlichen wusste; ich habe Dir von der Tragik der Begegnung zwischen Tante und Neffe erzählt, bei dem sich der Betrug des Neffen und die fordernde Illusion der Tante auflösten; und ich habe Dir den Schluss des Buches nahegebracht, in dem die Tante sich einem jungen Priester in Rom als Magd andienern will, um dann während einer Audienz mit dem kranken Papst Pius XI. zu versterben.

Bis zum Tod der Tante hatten wir den Berg weitgehend erklommen; „das war aber ein langer Witz“, hat ein Mitschüler bemerkt. In der Tat: ein langes Warten auf die Pointe.

Und Du hast gewartet. Ein guter Lehrer, so sagen uns kluge Studien, ist vor allem ein Mensch, der gut zuhören kann; ein guter Trainer, der das Talent der ihm anvertrauten Menschen fördern will, sagt eher weniger als mehr, wiegt seine Worte ab, beobachtet genau und hört sorgfältig zu. Einen Menschen zu lieben heißt: zuhören. Vielleicht auch: zuhören, um zuzugehören, um die Erfahrung von Zugehörigkeit und Zusammengehörigkeit zu geben. Oder wieder anders: Du hast mir an jenem Tag das Gefühl der „Beisammengehörigkeit" geschenkt, das Gefühl, dass es gut ist, dass wir beisammen sind.

Ein guter Lehrer, so kann man es auch sagen, liebt seine Schülerinnen und Schüler und er drückt diese Liebe im „Raumgeben", im „Zuhören" und „Hinschauen" aus. Dan Coyle hat gute Lehrer als Menschen beschrieben, die Talent sehen und fördern können; sie reden eher weniger, dafür können sie gut hinschauen und gut zuhören. Sie trauen den jungen Menschen etwas zu.

Du hast uns etwas zugetraut – wir waren in den schicksalshaften 1980er Jahren – und Du hast in den Jahren 1988 und 1989 zu uns gesagt: „Wir leben in weltgeschichtlich bedeutsamen Zeiten; und dann hast Du gesagt: Wenn jemand von Euch in die Politik gehen möchte, bitte überlegt Euch das, es wäre gut. Wir brauchen gute Menschen in der Politik."

Das war ermutigend. Du hast zugehört, hingeschaut, Vertrauen geschenkt – und hast eine ganz wichtige Sprache der Liebe gesprochen, die Sprache der Güte. Du bist ein gütiger Mensch.

„Güte" ist ein schönes Wort; der Begriff schwankt zwischen „benignitas" und „benevolentia", zwischen „Gutsein" und „Gutwollen". Sie ist eine Grundhaltung, die am Wohl des Anderen interessiert ist und den Anderen als je besonderen Anderen respektiert. Der deutsche Psychologe Philipp Lersch hat die Güte charakterisiert als „Strebungen des Füreinanderseins" und als „Gewähren". Immer wieder habe ich erlebt, wie Du Dinge zugelassen hast, Bemerkungen, Wünsche, Dynamiken. Du hast uns gewähren lassen, hast Raum zum Blühen und Wachsen geschenkt. Da wurden Wandertagsziele geändert, Stundenbilder umgeschrieben, neue Weihnachtsfeierformate geplant. Und als Musiklehrer mit sensiblem Ohr hast Du sehr viel erdulden müssen von unseren Kehlen. Das hat Dich dann wahrscheinlich für die Leitung des Kirchenchors gestärkt.

Du hast Deine Güte gezeigt, indem Du Räume für je Eigenes geöffnet hast. Solche Güte ist kostbar und selten. Adam Philips und Barbara Taylor haben in einer kleinen Schrift über „Kindness" die Güte als Fähigkeit zur Sympathie beschrieben, als Fähigkeit, das Gemeinsame zu sehen, als Fähigkeit zum Mitsein und als die Fähigkeit, sich in die Lage eines anderen zu versetzen. Diese Güte hast Du in unsere Schule gebracht, hinein in eine mehr und mehr verrechtlichte Welt, in der Güte rar wird. Pisa-Tests haben wenig mit Güte zu tun; noch weniger können sie die Fähigkeit zur Güte messen.

Dir ist das, so habe ich es erfahren, leichtgefallen, gütig zu sein. Thomas von Aquin hat die Güte charakterisiert als „habitus voluntarie benefactivus“, als gewohnheitsmäßige Tugend, gerne und freiwillig das Wohl des Anderen zu suchen. So habe ich das bei Dir auch erlebt – die Güte als Dir innewohnende Selbstverständlichkeit. Und Du hast Dich am Blühen anderer erfreut. Und mit dieser Freude so viel gelehrt – über Sprache und Kraft der Liebe.

Danke!

Dein Schüler Clemens

„WIR KÖNNEN NICHT ALLEINE LIEBEN“

—— An Dorothy Day

Liebe Dorothy Day,

ich war heute in einem Catholic Worker House; ein einfaches Haus, in dem jede und jeder willkommen ist, Unterstützung findet, menschliche Gemeinschaft, Hilfe und Ansprache, ein Zuhause, wenigstens auf Zeit. Die Hilfe ist einfach und konkret.

„Es ist so leicht, über die Liebe zu sprechen“, hast Du einmal geschrieben, „aber Liebe muss unter Beweis gestellt und erlernt werden, erlitten sein“.

Das hast Du schon im Jahr 1906 gesehen, als Deine Mutter nach dem schweren Erdbeben in San Francisco konkret und großzügig denjenigen geholfen hat, die vor den Bränden geflohen sind; sie hat Zuflucht gewährt. Damals warst Du neun Jahre alt.

Du hast dann nach Eurem Umzug nach Chicago Armut am eigenen Leib erfahren müssen, wurdest als Zwanzigjährige nach einer Protestkundgebung für die Armen im Jahr 1917 erstmals inhaftiert, hast

Dich dann als Journalistin engagiert, auf Seiten der Armen und am Rand Stehenden.

Liebe war für Dich weniger ein feierliches Wort oder ein Gefühl als vielmehr eine handlungsanleitende Grundeinstellung. Lieben heißt: anpacken, zupacken, Türen öffnen, ein Feuer machen, eine Mahlzeit bereiten, einen Tisch decken, an einer Demonstration teilnehmen.

Liebe ist Gemeinschaftssache. „Wir können nicht alleine lieben", hast Du einmal geschrieben. Die einzige echte Antwort auf die Erfahrung von Einsamkeit ist Liebe. Lieben heißt: Verantwortung übernehmen, persönliche Verantwortung für andere Menschen. Damit bedeutet Lieben auch: Nicht zuschauen, sondern zupacken, nicht zumachen, sondern zuhören.

Lieben bedeutet Brotbrechen – Weggefährtenschaft und Begleitung (im Englischen: „companionship") leitet sich von Brotbrechen ab („cum pane"). In den Häusern des Catholic Worker Movement wird viel Brot gebrochen, werden viele Mahlzeiten geteilt, Tag für Tag. Liebe ist Brotgefährtenschaft.

Lieben heißt vor allem: nicht gleichgültig sein. „Wir essen, während andere Menschen hungern"; das sollte uns nicht gleichgültig sein. Ein israelischer Philosoph, Avishai Margalit, hat einmal schön gesagt: Wir brauchen Moral, um unsere Gleichgültigkeit zu überwinden. Die Überwindung der Gleichgültigkeit zeigt sich im einfachen Leben, in einem bewussten Leben, das nicht im Halbschlaf der Bequemlichkeit dahindämmert, sondern aufmerksam ist.

Damit ist die Liebe zu den Menschen immer auch politisch, immer auch eine Frage der Rahmenbedingungen; Du warst eine überzeugte Kriegsgegnerin; Krieg zerstört die Liebe und ist Ausdruck zerstörter Liebe, im Großen wie im Kleinen. Liebe ist konkret im Kleinen, im Alltag, zeigt sich aber auch in politischen Einstellungen und Entscheidungen. Deswegen hast Du auch eine Zeitung gegründet, denn Liebe zeigt sich auch im Brechen geistigen und intellektuellen Brotes, im Teilen von Gedanken.

Lieben heißt Teilen. Und Teilen bedeutet persönlichen Verzicht, persönliches Opfer. Das hast Du auch erfahren, als Du Dein Engagement für die vielen Anderen mit Deiner Verantwortung für Deine einzige Tochter Tamar abwägen musstest. Ist es wirklich wahr, dass Du sie einmal im Badewasser vergessen hast, weil andere Menschen Deine Hilfe brauchten? Ein Leben in Liebe ist wohl ein Ringen. Das hast Du auch erfahren, als Du Deine Zeit für das aktive Leben mit Deiner Zeit für das innere Leben in Meditation und Gebet ins Gleichgewicht zu bringen hattest.

Lieben heißt Teilen. Da wird dann die Frage „Wo sind die Anderen?" eine Schlüsselfrage. Während wir in unseren Häusern sitzen, gibt es diejenigen, die kein Obdach haben; während wir einer Arbeit nachgehen, gibt es diejenigen, die ohne Arbeit sind; während wir mit unseren Familien Weihnachten feiern, gibt es diejenigen, die niemanden zum Feiern haben. Wo sind sie?

Dein Traum war es, Häuser zu haben, in denen sich jeder Mensch, egal mit welcher Geschichte und mit welchem Hintergrund, willkommen fühlt, als Mensch fühlt. Häuser konkret gelebter Liebe also. Wo jeder Mensch willkommen ist, kann es auch zu schwierigen Situationen kommen, zu Betrug, zu Ausgenutztwerden. Aber da hast Du gesagt: Es ist besser, sich manchmal zu irren, als ständig misstrauisch zu sein.

Du hast mit diesen Häusern inmitten der großen Wirtschaftskrise der 1930er Jahre begonnen. Sie stehen heute noch in vielen Städten. Sie geben noch heute vielen Menschen Halt und Anker und Hafen. Die Liebe zeigt sich ja auch an den Früchten, in der Fruchtbarkeit. Liebe wächst über sich hinaus.

Papst Franziskus hat bei seinem Besuch in den Vereinigten Staaten von Amerika am 24. September 2015 am Kapitol eine Rede vor dem Kongress gehalten und darin Dich als eine herausragende amerikanische Persönlichkeit genannt. Du hast Dich, so der Papst, leidenschaftlich für die Gerechtigkeit eingesetzt. Du habest unermüdlich gearbeitet.

Du warst, das kann man sicher sagen, eine leidenschaftliche Frau. Du hast geliebt, Liebe zu Männern, Liebe zu Deiner Tochter, Liebe zu den Armen, platonische Liebe zu Peter Maurin. Aber auch solidarische Liebe kann leidenschaftlich sein. Leidenschaft ist eine Sprache der Liebe.

Es ist bewundernswert, dass diese Leidenschaft, wenn ich so sagen darf, in Dir stetig gebrannt hat, ohne Dich zu zerstören. Im Gegenteil: Du bist ein Zeichen von brennender Sorge geworden, wie der Dornbusch, der brennt, ohne zu verbrennen.

In dankbarem Gedenken
Clemens Sedmak

„WARTEN“

—— An Simone Weil

Liebe Simone Weil,

Sie sind im Jahr 1943 im Alter von 34 Jahren an Erschöpfung gestorben, ausgezehrt nach Jahren von großem Einsatz und zerbrechlicher Gesundheit. Ich sieze Sie in diesem Brief, weil Sie auch eine Meisterin der Liebe in wartender Distanz sind.

Sie sind die Schwester des genialen Mathematikers André Weil und haben im Jahr 1942 einen Aufsatz geschrieben über das Studium der Mathematik und die Liebe zu Gott; Sie haben diesen Brief vor dem Hintergrund verfasst, dass Ihrem Bruder alles Mathematische zugeflogen und gewissermaßen in den Schoß gefallen ist, während Sie sich die Lösungen zu mathematischen Problemen mühsam erarbeiten mussten. In diesem Aufsatz haben Sie geschrieben, dass das Ringen mit einem langwierigen mathematischen Problem Geduld verlangt und Ausdauer und Demut und die Fähigkeit des Wartens – all das seien Tugenden und Einstellungen, die ganz entscheidend für das Gebetsleben seien, für die Liebe zu Gott. „Attention", Aufmerksamkeit, Warten, An-der-Schwelle-Stehen, das war eines der Schlüsselwörter für Sie.

Liebe hat mit „Schwellenaufmerksamkeit" zu tun.

Liebe war für Sie vor allem ein Warten; ich warte zögernd und scheu, geduldig und demütig an einer Schwelle; gerade auch in der Liebe zu Gott, die sich vor allem darin zeigt, mit dem abwesenden Gott gut zu sein, mit Gott, der nicht für unsere Vorstellungen greifbar ist. Gott zu lieben heißt, auf Gott zu warten. Das hat mit Hören zu tun, mit Lauschen, auch mit Gehorsam.

Die Liebe hat für Sie damit zu tun, dem Anderen die Freiheit zu lassen, so zu lieben, als ob die Liebenden der Liebe nicht bedürftig wären. Lieben als ein Loslassen.

Das erinnert mich an eine wunderbare amerikanische Frau, Felicia, die ein Kind mit Trisomie 18 zur Welt gebracht hatte, ein Mädchen mit geringer Lebenserwartung; das Mädchen hat neun Monate gelebt, stand aber geradezu jeden einzelnen Tag seines Lebens an der Schwelle, an der Schwelle zum Tod – und Felicia hat gesagt, sie müsse eine neue Sprache und Form der Liebe lernen, gleichzeitig fest zu halten und loszulassen. Issa, so hieß das Mädchen, musste auch in einem handfesten Sinn festgehalten werden, weil Issa nicht flach liegen konnte, da sie sonst erstickt wäre; so musste das Mädchen

24 Stunden am Tag, sieben Tage in der Woche fest gehalten werden – und das mit einer inneren Einstellung, dankbar für jeden Moment zu sein und zu wissen, dass Issas Weg auf Erden jeden Tag zu Ende gehen könnte.

Diese Liebe, liebe Simone Weil, hatten Sie im Blick, wenn Sie von Loslassen gesprochen haben; das erzeugt großen Schmerz, das ist leidvoll. So wie Ihr Leben leidvoll war; schon als kleines Mädchen haben Sie während des Ersten Weltkriegs aus Solidarität mit den Soldaten im Krieg auf Zucker und andere Annehmlichkeiten verzichtet; Sie haben zeitlebens an unerbittlicher Migräne gelitten und dennoch aus Solidarität mit den Arbeiterinnen in einer Autofabrik gearbeitet; trotz Ihrer schwachen Gesundheit haben Sie sich in der Résistance, in der französischen Widerstandsbewegung, engagiert.

Die Liebe zur Wirklichkeit zeigt sich in der Fähigkeit zu leiden und in der Fähigkeit, Schönheit zu erfahren. Leiden und Schönheit sind zwei Wege, die Welt zu berühren. Lieben heißt auch: Leiden, weil man dem Anderen nie gerecht wird, weil man selbst so unvollkommen ist in seinen hilflosen Versuchen zu lieben.

Ich verstehe diesen Gedanken immer tiefer, seit ich Kinder habe – die Erfahrung von Hilflosigkeit, die Erfahrung der eigenen Unvollkommenheit in der Liebe.

Liebe führt mitten in das Leiden hinein, denn die Leidensfähigkeit hängt ja davon ab, dass etwas so wichtig ist, dass es weh tun kann. So ist Leiden für Sie auch Quelle von Mitgefühl, von Nähe.

Ganz deutlich werden Ihre Einsichten in den Zusammenhang von Leiden, Liebe und Erkenntnis in Ihrem Verständnis des Buches Hiob aus dem Alten Testament. Sie haben einmal geschrieben: „Das Buch Hiob ist ein Wunder, denn es drückt in vollkommener Form Gedanken aus, die der menschliche Geist nur unter der Folter eines unerträglichen Schmerzes fassen kann, die aber formlos sind, die sich verflüchtigen und nicht mehr wiedergefunden werden können, wenn der Schmerz sich legt."

Das Buch Hiob wurde unter Schmerzen geschrieben und muss auch unter Schmerzen gelesen werden; in diesem Schmerz liegt die Erfahrung der Abwesenheit Gottes und damit auch, wenn ich Sie richtig verstanden habe, die Erfahrung der Reinheit der Liebe.

Denn Sie haben das ja ähnlich gesehen wie Bernhard von Clairvaux in seinem Traktat über die Gottesliebe: Wir müssen wachsen, hin zur Liebe Gottes um Gottes willen. Das ist eine andere Liebe als die Liebe zu Gott wegen der Gaben Gottes oder die Liebe zu Gott um unseretwegen. Die reine Liebe kann deswegen in der Erfahrung der Abwesenheit Gottes am tiefsten genährt werden. So war denn auch für

Sie Atheismus, recht verstanden, eine Form echter Gottesliebe.

Dieses Denken ist mir nicht sehr vertraut; hier tun sich Lernwege der Liebe auf. Die Unbegreiflichkeit des geliebten Gottes aushalten können.

Da ist ja dann nicht nur das Studium der Mathematik ein Weg zu Gott, sondern die Liebe zu Gott auch ein Weg zum Menschen – ein Weg, der bis an die Schwelle führt, auf der ich zögernd, wartend, hoffend, duldend bleibe.

Mit Dankbarkeit für Ihre Wegweiserschaft
Clemens Sedmak

„MENSCH FÜR ANDERE“

— An Pater Pedro Arrupe SJ

Lieber Don Pedro,

ich habe Sie nie persönlich kennenlernen dürfen, aber ich darf Ihnen sagen, dass ich mich sehr freuen würde, wenn die Kirche Sie seligspricht. Ihr Lächeln, das sich auf fast jedem Bild, das es von Ihnen gibt, zeigt, spricht von ruhigem Gottvertrauen. Einmal wurden Sie gefragt, wie die Zukunft der Jesuiten, die während Ihrer Leitung in großem Umbruch waren, aussehen würde; und Sie haben sinngemäß gesagt: Das hängt davon ab, wohin Gott die Jesuiten führen wird. Mit anderen Worten: Ich weiß es nicht, aber dieses Nichtwissen macht mich nicht unruhig, wir sind in guten Händen.

In guten Händen. Sie haben Ihr Leben in Gottes Hände gelegt.

Sie sind mit 20 Jahren in den Jesuitenorden eingetreten nach einem bis dahin sehr erfolgreichen Medizinstudium; diese Kenntnisse haben Ihnen am 6. August 1945 sehr geholfen. Sie waren damals Novizenmeister der Jesuiten im japanischen Hiroshima.

Das Noviziat war etwas außerhalb der Stadt, deswegen haben Sie die Atombombe überlebt. Der 6. August ist das Fest der Verklärung des Herrn. Am 6. August 1945 wurde zum ersten Mal in einem Krieg eine Atombombe abgeworfen; sie hat Unvorstellbares angerichtet. Sie sind zuerst in die Kapelle gegangen, haben kurz gebetet und sind dann in die Stadt, um den Verletzten, den Sterbenden beizustehen.

20 Jahre und viele Vorträge über den Frieden und die Gefahr der Atomwaffen später sind Sie zum Generaloberen der Jesuiten gewählt worden; bis 1981 haben Sie dieses Amt mit der Verantwortung für zehntausende Jesuiten weltweit ausgeübt. Am 7. August 1981 haben Sie nach der Rückkehr von einer Asienreise am Flughafen in Rom einen Schlaganfall erlitten, waren daraufhin amtsunfähig.

Sie müssen unglaublich gelitten haben; Sie waren vielsprachig, auch in Sprachen der Liebe, und dann reduziert. Sie mussten Demütigungen hinnehmen. Am 5. Februar 1991 wurden Sie von Ihrem Leiden erlöst. Und diese nahezu zehn Jahre der Abhängigkeit, der Pflegebedürftigkeit, diese zehn Jahre in der Krankenstation des Jesuitengeneralats in Rom haben Ihrem Leben einen großen Stempel von Tiefe und Glaubwürdigkeit aufgedrückt.

Die Tage waren manchmal lang; Sie haben viel gebetet, viel gelächelt, wenn Besuch gekommen ist, weniger und weniger gesprochen oder: zu reden versucht. Mehr und mehr haben Sie sich nach innen gekehrt. Auch das ist eine Sprache der Liebe.

Sie haben nach Ihrem Schlaganfall, unter großen Mühen, ein Gebet verfasst. Es lautet: „Mehr denn je finde ich mich in den Händen Gottes. Das habe ich immer gewollt, von Jugend an. Aber nun ist da ein Unterschied: Die Initiative liegt allein bei Gott. Es ist wahrlich eine tiefe geistliche Erfahrung, mich ganz in Gottes Händen zu wissen."

Sie haben Ihr Leben in Gott gegründet, Ihr Lebenshaus auf Fels gebaut. Es kommt darauf an, haben Sie einmal gesagt, sich in einer absoluten, endgültigen Weise in Gott zu verlieben; das wird nichts unberührt lassen, davon wird alles abhängen. Es entscheidet darüber, was dich am Morgen veranlasst aufzustehen, was du mit deinen Abenden anfängst, wie du deine Wochenenden verbringst, was du liest, wen du kennenlernst, was dir das Herz bricht. Es geht darum, in dieser endgültigen Liebe zu bleiben. Sie sind geblieben. Bis zum letzten Tag.

Auch der Umgang mit Leiden, mit den „Subtraktionen des Lebens", wo Ihnen Macht und Fremdsprachen, Beweglichkeit und Kraft genommen wurden, ist eine Sprache der Liebe. Eine Sprache, die Andere lehrt.

Sie waren ein „Mensch für Andere". Sie sind den Weg der Liebe gegangen. Sie haben viel gebetet, wenig geschlafen, viel Zeit mit Ihren Mitbrüdern verbracht, sich auf jedes Gespräch vorbereitet. Ich habe einmal in Philadelphia einen amerikanischen Jesuiten getroffen, der einmal ein halbstündiges Vieraugengespräch mit Ihnen hatte, ein Routinegespräch, nichts Dramatisches. Er hatte im Jahr vor dem Gespräch den Schuldienst verlassen und war überrascht, dass Sie ihn darauf angesprochen haben: Vermissen Sie das Unterrichten?

Sie hatten sich also auf das Gespräch vorbereitet, haben dem Mann die Erfahrung geschenkt, in seiner Einzigartigkeit ernst genommen zu sein – eine Kunst, angesichts Ihrer Verantwortung für mehr als 30.000 Jesuiten. Father Joseph, so hieß dieser Jesuit, war Jahrzehnte nach dem Gespräch immer noch tief beeindruckt von Ihnen.

Das erinnert mich an ein Wort von Mutter Teresa: Lass nicht zu, dass du jemandem begegnest, der nicht nach der Begegnung mit dir glücklicher geworden ist. Wie viele Menschen dürften diese Erfahrungen mit Ihnen gemacht haben. In Manila habe ich die Haushälterin des East Asian Pastoral Institute kennengelernt, die in höchsten Tönen von Ihnen gesprochen hat. Sie haben ihr Aufmerksamkeit geschenkt, nicht weil Sie dachten, dass sich das gehört. So waren Sie einfach als Mensch.

Lieben heißt: Beschenken.

Sie waren ein Mensch für Andere – so gerne haben Sie Menschen beschenkt; Eugen Hillengaß, der mit Ihnen als Generalökonom der Jesuiten zusammengearbeitet hat, hat in Erinnerungen an Sie geschrieben: „Pedro Arrupe war ‚Mensch für andere': Das legte er seinen Mitbrüdern ans Herz, vor allem aber lebte er es selbst. Stillschweigend tauschte er meine abgenutzte Dokumentenmappe gegen seine bessere aus, als wir gemeinsam auf Reisen waren."

Sie haben die „Fürandrigkeit" gelebt. Sie waren ein begnadeter Gastgeber, haben Freundschaften gepflegt, Menschen immer wieder eingeladen. Sie wollten die Schulen der Jesuiten zu Lehrstätten der Liebe machen. Diese Schulen, so wollten Sie es, sollten liebesfähige Menschen heranbilden, „Frauen und Männer für Andere". Wie kann man sich das als Lernziel und vor allem auch mit Blick auf die verfolgten Methoden vorstellen? Da hängt wohl viel von der Vorbildwirkung der Lehrerinnen und Lehrer ab; vom Klima, vom Umgang. Und viel weniger vom „Was" des Lernens als vom „Wie".

Das „Wie", auch in den kleinen Dingen, war Ihnen stets wichtig. Sie waren ein Mann der Klarheit – in einem Gespräch mit einem französischen Mitbruder haben Sie vor zu viel Diplomatie im Umgang miteinander gewarnt. Liebe will höflich sein, aber nicht diplomatisch, nicht verklausuliert. Die Liebe ist klar, nicht blind.

Danke für Ihr Vorbild.
Ihr Clemens Sedmak

III. SCHWIERIGE BRIEFE

„EINEN MENSCHEN ZU LIEBEN HEISST, IHN GUT NICHT VERSTEHEN ZU KÖNNEN"

—— An einen Feind

Mich nachdenklich stimmender N. N.,

ich schreibe Ihnen diesen Brief, weil ich Sie als meinen Feind erlebt habe und erlebe.

Das Wort „Feind" klingt nach einer seltenen und hochgestochenen wie auch schweren Kategorie, die für besondere Anlässe aufbewahrt werden muss. Wer hat schon Feinde? Feinde, das haben mächtige Menschen, so wie man im Geschichtsunterricht lernt, dass die Royalisten Joseph Picot de Limoëlan, Pierre Robinault de Saint-Régeant und François-Joseph Carbon Feinde Napoleons waren. Sie haben diese Feindschaft auch in einem Attentat auf Napoleon in der Rue Saint-Nicaise am 24. Dezember 1800, sorgfältig geplant, gelebt.

Hier hat einer Macht, die er nach dem Urteil mancher nicht recht einsetzt, sodass ihn jemand töten möchte. Das ist Feindschaft. Jesus hatte solche Feinde, die ihn töten wollten – im Matthäusevangelium heißt es, dass die Hohepriester und die Ältesten des Volkes beschlossen hatten, Jesus zu töten (Matthäus 26,4). So geschah es dann ja auch. Der beim Volk beliebte und deswegen mächtige Wanderprediger und Wunderheiler wurde hingerichtet, von seinen Feinden in die Hände der römischen Autoritäten gegeben. Jesu Tod am Kreuz kann sicherlich als Werk seiner Feinde angesehen werden.

Unwichtige und unmächtige Menschen, wie ich es einer bin, wir haben doch keine Feinde?! Und wenn Jesus davon spricht, dass wir unsere Feinde lieben sollen, dann scheint diese Aufforderung bei Menschen, wie ich es bin, ins Leere zu gehen.

Und trotzdem erlebe ich Sie als meinen Feind. Ich will nun nicht künstlich die Zahl der Feinde aufplustern, um mir gewissermaßen ein Gefühl der Bedeutsamkeit zu verleihen, als ob man sich Feinde mühsam und verdienstvoll erarbeiten müsste wie den sprichwörtlichen Neid. Nein, ich will die Einladung zur Feindesliebe ernster nehmen, indem ich den Begriff von Feindschaft etwas weniger streng ansetze.

Könnten wir uns vielleicht darauf einigen, dass Sie mir mit einer gewissen Feindseligkeit, mit ausdrücklicher Abneigung begegnen? Können wir sagen, dass Sie mir nicht wohlwollen und sich an meinem Schaden freuen würden? Und könnten wir sagen, dass jemand zum Feind eines Menschen wird, wenn er dessen Nicht-Sein dessen Sein vorzieht?

Wenn wir es so verstehen, dann wird jemand nicht erst dann zum Feind, wenn zwei Nachbarn einander wirklich hassen und sich in Gehässigkeiten üben. Mir ist jemand feind, der es nicht gut mit mir meint und der froh wäre, wenn ich nicht mehr wäre, entweder ganz und gar nicht mehr oder wenigstens nicht im Hier und Jetzt.

Diese Lesart von Feindschaft hat auch zur Folge, dass ich der Frage, wen ich aus einer Haltung der Feindseligkeit betrachte, ernsthafter nachgehen kann.

Wenn ich Sie als jemanden erlebe, der mich ablehnt, der dankbar wäre, wenn er mir nie begegnet wäre, der froh ist, wenn er mich nicht sieht und nichts von mir hört, der vielleicht Schadenfreude empfindet, wenn sich Unglück und Unheil in mein Leben schleichen – dann bin ich in einer Sprache der Liebe gefordert.

Was heißt es, Sie, N. N., als meinen Feind zu lieben?

Für mich ist das eine der schwersten Fragen überhaupt; ich neige dazu, einen Feind „klein" zu machen, etwa im Sinne der Frage: „Was muss in deiner Kindheit schiefgelaufen sein, dass du nun so mit mir umgehst?" Ich neige dazu, einen Feind mit jener Mischung aus Mitgefühl und Verachtung zu betrachten, die der polnische Kinderarzt Janusz Korczak als typisch für den Umgang von Erwachsenen mit Kindern beschrieben hat. Dorotheus von Gaza hatte in einem Text aus dem sechsten Jahrhundert von einem Mönch erzählt, der bewundernswert gelassen und demütig mit der Kritik der anderen Mönche umgehen konnte; angesprochen auf dieses Zeichen innerer Größe antwortete er nur: Ich verachte diese Mönche! Aus einer Haltung der Verachtung heraus ist es leicht, sich nicht von Wort und Tat eines Menschen berühren zu lassen; ähnlich wie man in der Pubertät eines Kindes die Dinge „nicht persönlich" nehmen möge.

Einen Menschen, auch als Feind, zu lieben heißt aber wohl nicht, sich nicht von ihm berühren zu lassen; es heißt wohl auch nicht, den Menschen „klein" und „fremd" zu machen und den gemeinsamen Boden zu verkleinern.

Einen Feind zu lieben, so könnte ich mir vorstellen, heißt, ihm wohlzuwollen, ihm das Gute zu wünschen und dieses Gute auch handelnd voranzutreiben, zu ihm hinzubringen. Und das mit Güte. Das Gute mit Güte tun – das ist Feindesliebe. Und es dabei auszuhalten, dass der Andere, obwohl er so viel mit mir gemeinsam hat, „anders" ist.

So möchte ich sagen: Einen Menschen zu lieben heißt, ihn gut nicht verstehen zu können. Dieser Gedanke ist inspiriert von einem israelischen Psychologen, D. Z. Gurevitch, der einmal ein Seminar für Lehrerinnen und Lehrer gehalten hat, von denen die eine Hälfte der Teilnehmenden streng religiös, die anderen strikt säkular war. Eine Schlüsselszene während dieses Seminars war ein Kommentar einer nichtreligiösen Frau, die einem Zeugnis eines streng orthodoxen Juden, der über seinen Glauben sprach, zuhörte und dann fassungslos fragte: „Sie glauben das wirklich?“ An dieser Stelle kippte das Seminar und es ging mehr und mehr um die tiefen Überzeugungen der Anderen und das eigene Nichtverstehen, obwohl man einander zugetan war und großen Respekt voreinander hatte.

Da dachte sich Gurevitch: Es gibt die Fähigkeit, jemanden zu verstehen; es gibt aber auch die Unfähigkeit, jemanden zu verstehen. Was wir aber manchmal bräuchten, ist die Fähigkeit, jemanden nicht zu verstehen. Diese Fähigkeit ist keine Unfähigkeit; sie ist eine anspruchsvolle Qualität. Ich muss jemanden sehr gut kennen und sehr gut einschätzen können, um diese Fähigkeit zu kultivieren. Sie lässt mich sagen: „Ich weiß mich dir nahe; wir sind einander ähnlich; wir haben vieles gemeinsam. Dennoch verstehe ich dich nicht, in ganz zentralen Punkten nicht. Aber ich kann das gut aushalten, ohne die Versuchung, den Graben zwischen uns kleiner erscheinen zu lassen, zu verharmlosen oder gar zu leugnen.“

N. N., ich will mich bemühen, Sie gut nicht verstehen zu können. Weder will ich (überheblich) sagen: „Sie sind mir so ähnlich; wenn mir das widerfahren wäre, was Ihnen widerfahren ist, dann wäre ich wohl auch dort“; noch will ich (resignierend) sagen: „Sie sind mir fremd, Sie sind wie ein Wesen von einem anderen Universum.“ Nein, ich will daran arbeiten, Ihnen Gutes zu wünschen und zuzutragen und dabei zu sagen: Ich verstehe Sie nicht; aber ich verstehe Sie auf die gute Weise nicht. Auf eine Weise, die Sie leben lässt und die mich leben lässt und die uns als Getrennte leben lässt.

Wer weiß, was daraus wächst.

Es ist mir ja klar, dass Sie mich etwas lehren können, was mir meine Freunde nicht beibringen können. Etwas Wichtiges. Und dafür will ich dankbar sein.

Ich grüße Sie vorsichtig
Clemens Sedmak

„IN DAS CHAOS EINES ANDEREN EINTRETEN“

—— (Längerer) Brief an einen Asylsuchenden

Lieber N. N.,

Sie kommen aus Syrien; die „Geburtslotterie“ hat Ihnen das Los zugeteilt, im Jahr 1998 in Syrien auf die Welt zu kommen. Sie haben große Strapazen auf sich genommen, Gefahren und Risiken, um nach Österreich zu kommen. Es war abenteuerlich, es war gefährlich, Sie haben Schreckliches gesehen, Dramatisches miterlebt, nun sind Sie hier. Auf Ihnen lasten Erwartungen und Hoffnungen einer verzweigten Familie. Sie brauchen, wie wir alle, Heimat und erfahren Ihr Heimatland als widrigen Ort.

Sie sind ein Mensch. Dieser Satz ist nicht leichtfertig gesagt. Sie sind ein Mensch. Hinter Ihrem Schicksal verbirgt sich eine einzigartige, wohl dramatische und tragische Geschichte. Diejenigen, die Schutz suchen oder einen Antrag auf Asyl stellen, diejenigen, die ihr Land verlassen, um anderswo ihr Glück zu finden – sie alle sind Menschen.

Und Menschen sind keine Dinge, die man stapeln könnte wie Ersatzteile in einem Lager; Menschen sind aber auch keine Engel. Sie sind kein Ding und Sie sind kein Engel. Sie haben Träume und Sie haben Bedürfnisse, Sie haben Hoffnungen und Sie tragen Wunden, und diese Wunden können dazu führen, dass Sie Schmerzen haben und auch Anderen Schmerz bereiten.

Sie kommen aus einem Land, in dem Chaos herrscht; und dieses äußere Chaos hat wohl auch in Ihrem Inneren, in Ihrer Seele Chaos angerichtet, Spuren von Traumatisierung hinterlassen. Dieses Chaos macht Ihnen vielleicht auch Angst. Es macht nicht selten auch denjenigen Angst, mit denen Sie zusammenleben. Nicht alle, die harte Worte wählen, sind ausländerfeindlich – manche Menschen haben Angst; und es gibt auch Gründe zur Sorge: Die Sorge etwa, dass Sie mit Illusionen und falschen Vorstellungen nach Österreich gekommen sind; die Sorge, dass Sie in sich ein Pulverfass von innerem Chaos tragen, das explodieren könnte; die Sorge, dass Sie ein Bild von Frau oder Frömmigkeit oder Macht in sich tragen, das in Österreich kulturell nicht verankert ist. Chaos ist diffus und diffuse Bedrohungen können Angst machen.

Der amerikanische Jesuit John Keenan hat einmal sehr schön gesagt: Barmherzigkeit ist die Bereitschaft, in das Chaos eines Anderen einzutreten.

Wir alle haben Chaos in uns – die Unordnung unserer ungeordneten Erinnerungen, unserer ungeordneten Geschichte.

Einen Menschen zu lieben bedeutet, in das Chaos eines Anderen einzutreten – wenn du einen Menschen kennenlernst, so hat dieser Mensch eine Geschichte, eine Vergangenheit, eine Biographie. In dieser Geschichte finden sich definierende Momente und Meilensteine, die tiefe Spuren hinterlassen haben. Ein Mensch zu sein bedeutet, verwundbar zu sein.

Sie sind ein Mensch. Da Sie kein Engel sind, kann ich von Ihnen nicht das verlangen, was man in der Philosophie mitunter „moralische Heiligkeit" („moral sainthood") genannt hat. Moralische Heilige sind Menschen, die sich in heroischer Weise ethisch gut verhalten, auch angesichts von Widrigkeiten und unter Opfern. Es verlangt moralische Heiligkeit, umsichtige, schutzgebende und sorgende Verantwortung für die eigene Familie auf der Flucht zu zeigen und dann in einem fremden Land gleichzeitig geduldig, dankbar, langmütig, anpassungsfreudig und hoffnungsfroh zu sein. Es ist unglaublich anstrengend, dankbar zu sein – und noch anstrengender, dankbar sein zu sollen.

Da ist es leichter, sich auf Ansprüche und Rechte zu berufen; ja, Sie sind ein Mensch; ja, Ihnen stehen jene Rechte zu, die wir „Menschenrechte" nennen. Und diese Menschenrechte sind zu schützen, gerade auch von uns, die wir „moralisches Glück" haben. Moralisches Glück ist das Glück, in einer Lebensform zu stehen, die moralisches Leben möglich macht. Von denen, die moralisches Glück haben, kann man mehr verlangen. Sie haben wenig moralisches Glück als junger Mann aus Syrien. Wir schulden Ihnen Schutzbereitschaft.

Und dennoch: Aus dem Umstand, dass Sie Rechte haben, folgt nicht, dass Sie keine Pflichten hätten; der Gast hat Vorrechte, aber auch Nachpflichten, wenn ich das so sagen darf. „Nachpflichten" sind Verpflichtungen derjenigen, die „nachher" ankommen, die später ankommen und respektieren müssen, was sie vorfinden. Das ist nicht unähnlich dem Gebot, die Eltern, die Vorfahren zu ehren. Vorrechte wie Nachpflichten können Ausdruck einer Sprache der Liebe sein.

Darf ich Sie bitten, unser Land zu ehren?

Liebe ist verständnisvoll, sie bringt die Früchte der Langmut, sie lässt sich nicht zum Zorn reizen, sie sucht nicht ihren Vorteil, sie erträgt alles. So steht es im heiligen Buch der Christen, im dreizehnten Kapitel des ersten Korintherbriefs.

Sie sind besonders verwundbar und deswegen auch nicht so zu behandeln, als wären Sie so belastbar wie die Mitglieder meiner Familie und ich. Johannes Chrysostomus hat im vierten Jahrhundert in seiner Schrift *De sacerdotio* mit Blick auf die vielen Menschen, die durch ihre Not zum Betteln gezwungen waren, zu Verständnis für die mitunter aggressiven Formen des Bettelns aufgerufen, er warnt vor zu strengem Urteil über Bettler aus der privilegierten Perspektive derjenigen, die nicht gezwungen sind zu betteln. Ich muss verstehen, dass Sie, gerade weil Sie unter großem Existenzdruck stehen, sich nicht nur rücksichtsvoll und höflich verhalten werden. Das kann eine ganz große Lernschule der Liebe sein; das kann zu großartigen Formen von Solidarität und Mitmenschlichkeit führen. Sie können unser Land damit etwas lehren, das nur auf diese Weise gelehrt werden kann.

Natürlich ist es verständlich, wenn in Flüchtlingsunterkünften Dinge geschehen, die besser vermieden werden würden; natürlich ist es nicht hilfreich, wenn Asylwerbende – es sind nachgewiesenermaßen einige wenige – kriminell werden. Und natürlich reicht es nicht festzustellen, dass Sie eben Menschen sind. Hier wird eine Sprache der Liebe auch eine Sprache von Konsequenzen sein. Die Konsequenz wird vor allem sein müssen: Begleitung.

Sie sind ein Mensch – und keine Ware. Waren werden registriert und gelagert; Menschen kann man nicht „lagern"; „Lager" sind keine menschengemäßen Formen der Unterbringung, schon gar nicht über eine kurzfristige Notsituation hinaus. Wenn ich mir vorstelle, auf engem Raum mit vielen Menschen zusammenleben zu müssen, ohne eigentliche Aufgabe und unter dem Druck, stets Dankbarkeit zeigen zu müssen, so wird mir das auf Dauer ohne innere Dellen oder Äußerungen von Frustration nicht möglich sein. Menschen sind zerbrechliche Wesen, die nicht nach Belieben zusammengezwängt und -gepfercht werden können.

Und das heißt – eine politisch unangenehme Feststellung: Wenn wir anerkennen, dass Flüchtlinge Menschen mit Zerbrechlichkeit und Zerbrochenheit sind, dann brauchen Notreisende entsprechende Begleitung. Begleitung ist eine Form von Liebe und Liebe ist eine Form von Begleitung.

Begleitung verlangt Klugheit und Umsicht. Sie muss Grenzen anerkennen.

Ich gebe Ihnen ein Beispiel: Meine Familie und ich sind für zwei Jahre in die USA gegangen; dort arbeite ich an einem Zentrum mit vierzig Kolleginnen und Kollegen, die uns alle unterstützen. Und es ist dennoch eine große Herausforderung für uns! Obwohl wir die Sprache sprechen, die Kultur kennen, einen Arbeitsplatz haben, eine eigene Bleibe und, wie gesagt, vierzig Leute, die uns unterstützen.

Nun: Um wie viel schwieriger muss es sein, wenn ein Sozialarbeiter 120 oder 150 Asylwerbende betreut, die nicht die Sprache oder die Kultur kennen! Hier muss ich uns daran erinnern, dass Liebe und

Klugheit einander nicht ausschließen. Es ist eine Sache, einem Menschen kurzfristig und vorübergehend Schutz vor akuter Bedrohung zu gewähren, es ist eine andere Sache, jemanden auf Dauer aufzunehmen.

Sie suchen ja nicht nur Leben; Sie suchen einen Lebensplatz. Per Andersson hat das Leben des Inders Pikay beschrieben, der eine Schwedin geheiratet und diese Suche nach einem Lebensplatz schmerzhaft miterlebt hat: „Er will ein Zuhause. Und dabei denkt er nicht an das Haus selbst. Es ist nicht wichtig, wie das aussieht. Er sehnt sich nach der Geborgenheit und einem festen Platz im Leben." Eine Person braucht Lebenssicherheit; Pikays (spätere) schwedische Frau Lotta überlegt, ob sie nach Indien auswandern solle – „ganz gleich, wo in der Welt sie leben würde, musste sie doch einen Boden haben, auf dem sie stehen konnte".

Das ist es, was Sie brauchen: ein Zuhause; Geborgenheit; einen festen Platz im Leben; Boden unter den Füßen. Bitte vergessen Sie nicht, was das für ein gewaltiger Aufwand ist, auch nur einem Menschen oder einer Familie einen Lebensplatz zu eröffnen. Freilich: Ein Mensch kann in der Welt einen ganz großen Unterschied machen; ein Mensch, der einen Lebensplatz gefunden hat, kann blühen und reiche Frucht bringen.

Ich will nun ein Dilemma ansprechen: Ist es klüger, gerechter und barmherziger, weniger Flüchtlinge im Land zu haben und diese besser zu begleiten, oder entspricht es Klugheits-, Gerechtigkeits- und Barmherzigkeitsüberlegungen eher, mehr Flüchtlinge aufzunehmen und diese entsprechend weniger gut begleiten zu können? Diese Frage stellt sich tatsächlich, denn die Anerkennung von Grenzen ist eine Form der klugheitsverträglichen Liebe.

Dazu kommt, dass Asylwerbende oftmals wie Sie ein Land verlassen, das nicht funktioniert, um in ein Land zu kommen, das funktioniert – damit aber unser Land funktioniert, müssen Grenzen verwaltet werden.

Wenn Menschen ein Land verlassen, schwächen sie in der Regel dieses Land, vor allem mit Blick auf die Tatsache, dass diejenigen, die das Land verlassen, tendenziell die Gesünderen, Belastbaren, Ressourcenreichen, Jüngeren sind. Im Land selbst bleiben tendenziell diejenigen zurück, die die Möglichkeit der Flucht nicht sehen oder nicht haben. Ein Unrechtsregime aber wird es noch leichter haben, seine Untertanen zu verwalten, wenn diejenigen, die die Kraft hätten, Widerstand zu leisten oder die Bedingungen zu ändern, das Land verlassen. Auch hier stellen sich Herausforderungen für eine Sprache der Liebe.

Was bedeutet es, in Liebe mit dem angesprochenen Dilemma umzugehen? Entspricht es der Sprache der Liebe, weniger Flüchtlinge im Land zu haben und diese besser zu begleiten?

Die Herausforderung erinnert an eine Szene im sechsten Kapitel des Johannesevangeliums, in der eine große Menschenmenge zu speisen ist, aber nur fünf Brote und zwei Fische zur Verfügung stehen. Jesus nimmt das Verfügbare, teilt und alle werden satt, es bleiben sogar noch Körbe übrig. Diese Szene kann so gelesen werden: Wenn geteilt wird, ist mehr verfügbar, als gedacht; Teilen sprengt die Vorstellungskraft. In der christlichen Tradition der Moralempfindung finden wir kritische Anhaltspunkte, gerade in den ersten Jahrhunderten, in denen angesichts der überbordenden Armut im Römischen Reich eine Revolution der sozialen Vorstellung stattgefunden hat und Arme nun als Menschen angesehen wurden, die Unterstützung verdienen. Teilen wurde zur Pflicht. Ambrosius von Mailand schreibt etwa in „De Nabuthe“: „Es ist nicht dein Gut, mit dem du dich gegen den Armen großzügig weist. Du gibst ihm nur zurück, was ihm gehört. Denn du hast dir herausgenommen, was zu gemeinsamer Nutzung gegeben ist. Die Erde ist für alle da, nicht nur für die Reichen.“ Die Erde ist für alle da. Grenzen sind nicht „gefunden“, sondern „gemacht“, sie werden „erzeugt“ und nicht „entdeckt“. Dadurch entsteht ja auch die eingangs angesprochene Geburtslotterie.

Was heißt dies nun für das Dilemma? Barmherzigkeit und Klugheit sind nicht voneinander zu trennen, will man verhindern, dass Barmherzigkeit in Sentimentalität umkippt; Klugheit und Gerechtigkeit sind ebenso wenig zu trennen, da Gerechtigkeit Ausdruck der auf das Ganze des Gemeinwesens gerichteten Klugheit ist und Gerechtigkeit auf Klugheitsüberlegungen angewiesen ist. Die Klugheit gebietet, das langfristige Wohl eines Gemeinwesens im Blick zu haben. Das kann auf globaler Ebene bedeuten, Druck auf Ausgangsstaaten von Fluchtverhalten auszuüben bzw. Ausgangsstaaten in der Bereitstellung von Lebenschancen zu unterstützen.

Klugheit ist aber auch mit Blick auf den lokalen Kontext geboten. Alasdair McIntyre hatte – nicht ganz einfach, aber treffend – eine Praxis definiert als „kohärente und komplexe Form sozial begründeter, kooperativer menschlicher Tätigkeit, durch die dieser Form von Tätigkeit inhärente Güter im Verlauf des Versuchs verwirklicht werden“; eine menschliche Praxis dient also der Realisierung von Gütern und eine Schlüsselfrage ist es, um welche Güter es sich handelt. Wenn in einer Schulklasse beispielsweise zwei Drittel der Schüler aus sprachlichen Gründen dem Unterricht nicht folgen können, wird man über die zu verwirklichenden Güter, die der Praxis des Unterrichtens eigen sind, nachdenken müssen; man kann entweder mit zusätzlicher Unterstützung an den bisher definierten Gütern festhalten oder man verständigt sich auf andere Güter. Oder man beschränkt den Zugang zu dieser Praxis.

Ähnlich ist es in der Frage der Praxis „Aufnahme von Notreisenden, Integration von Flüchtlingen". Wenn man an den bisherigen Gütern, welche die Praxis des Zusammenlebens innerhalb staatlicher Grenzen hervorbringen soll, festhalten möchte, festhalten will, wird man zusätzliche Unterstützung brauchen und gegebenenfalls den Zugang zu dieser Praxis beschränken.

Noch einmal: Es ist, wenn geteilt wird, mehr verfügbar, als gedacht; Teilen sprengt die Vorstellungskraft. Hier ist ein größerer Spielraum gegeben als zumeist zugestanden. Und dennoch hat auch dieser je größere oder große Spielraum Grenzen. Will man die Güter einer Praxis schützen und ist die Möglichkeit zusätzlicher Unterstützung ausgeschöpft, wird man den Zugang zu dieser Praxis regulieren müssen; das gilt sowohl für Notreisende, die in ein Land kommen, als auch für Flüchtlinge, die an einem bestimmten Ort untergebracht werden.

Und ja: „Regulieren" kann bedeuten: „Quotenregelungen". Der Spielraum ist größer, als vielfach gedacht. Aber er ist auch begrenzt. Die Barmherzigkeit gebietet, denjenigen, die Hilfe brauchen, diese Hilfe mit professioneller Wärme zu geben („warm professionalism" heißt das manchmal); diese Qualität der Begleitung darf im Sinne des langfristigen Wohls aller Mitglieder eines Gemeinwesens nicht unter ein Mindestniveau fallen; das ist eine Frage von Klugheit, Barmherzigkeit und Gerechtigkeit.

Ja, es ist nach sauberer Unterscheidung von transitorischen Notreisenden und Asylwerbenden klüger, gerechter und barmherziger, weniger Flüchtlinge im Land zu haben, die dann eine entsprechend größere Chance auf einen Lebensplatz haben.

Die Gerechtigkeit gebietet soziale Ehrlichkeit – es ist kein gutes Zeichen, wenn die Wahrheit politisch unzumutbar scheint; und ein Aspekt von Wahrheit ist die Kostenwahrheit; Flüchtlingsbetreuung kostet Geld; wenn es ordentlich gemacht werden will, viel Geld. Ein Teil des Aufwands kann durch die nicht zu unterschätzende Bereitschaft der Zivilgesellschaft geleistet werden.

Die wirkungsvollste Form des Teilens ist in einem funktionierenden Staat mit progressivem Steuersystem die Einführung einer Steuer. Ich plädiere für die Einführung einer Flüchtlingssteuer. Sie ist Ausdruck einer Sprache der Liebe im Politischen.

Die politische Durchsetzbarkeit einer solchen Idee ist auch Gradmesser für die moralische Reife eines Landes.

Eine Anekdote aus meiner Kindheit zum Schluss: Mein verehrter Turnlehrer im Gymnasium war 1956 aus Ungarn nach Österreich geflohen; das Land hatte ihn gut aufgenommen und seine Dankbarkeit, seine neuen Ideen wie seine Identifikation mit Österreich, ausgedrückt in vielen ehrenamtlichen Stunden, waren groß. Integration schafft Lebensplätze; und Lebensplätze sorgen für Vitalität in einem Land. Und diese Vitalität kann Österreich guttun.

Lieber N. N., ich hoffe, dass Sie Ihren Platz finden und diese Vitalität einbringen können.

Mit allen guten Wünschen
Clemens Sedmak

„WOHLGERUCH UND ERBAUUNG FÜR DIE WELT“

—— An das Finanzamt

Sehr geehrte Finanzbeamtin,
sehr geehrter Finanzbeamte,

einen Brief an das Finanzamt zu schreiben bedeutet allemal, den Brief an Menschen zu schicken, die ihn – das hoffe ich – öffnen und lesen werden. Aber es ist tatsächlich so, dass ich keinen Namen und kein Gesicht vor Augen habe, wenn ich mich an das Finanzamt wende. Mir geht es hier ähnlich wie Franz Kafkas Figur Josef K., der mit namenlosen und gesichtslosen Institutionen umgeht, die ihn auf das Förderband eines Ablaufes setzen, der geschieht, wie er geschieht.

Ismail Kadare, „der albanische Kafka“, hat in seinen Romanen immer wieder unübersichtliche Gebäude, verwirrende Gesetze, anonyme Vollstrecker und komplizierte Abläufe beschrieben. Da ist schon einmal jemand verloren und verwirrt, da gibt es schon die Erfahrung von Ohnmacht und Dunkelheit.

So fühle ich mich manchmal, wenn ich mit dem Finanzamt zu tun habe; meine Interaktionen mit dem Finanzamt werden von einer Steuerberaterin wahrgenommen; sie hat mir immer wieder erklärt, wie wichtig der gute Kontakt und die höflichen Umgangsformen sind. Menschen wollen respektiert werden. Das leuchtet mir ein. Hinter der Institution stehen Menschen mit Namen und Gesichtern, Geschichten und Schicksalen. Höflichkeit und respektvoller Umgang sind eine Sprache der Liebe, auch wenn das nun etwas „artfremd" klingen mag. Was heißt es, im Umgang mit dem Finanzamt eine Sprache der Liebe zu sprechen?

Die Frage allein klingt seltsam – und zwar nicht nur aus Gründen einer Kategorienverwechslung (Steuern als Zwangsabgaben und Liebe in Freiheit sind, so scheint es, zwei paar Schuhe); die Frage klingt auch deswegen seltsam, weil „Menschlichkeit" in einer Institution den Hauch der Korruption mit sich bringt; das ist unerfreulich, aber schwer von der Hand zu weisen; man könnte das „die Tragik der menschlichen Verwaltung" nennen. „Korruption" ist das Ausnützen einer offiziellen Machtstellung für einen persönlichen Vorteil und dieser persönliche Vorteil kann auch die gute Beziehung zu einem anderen Menschen sein. Wenn nun also jemand eine persönlich gute Beziehung zu einem Finanzbeamten aufbaut, entstehen informelle Möglichkeiten und damit Aspekte einer „Schattenverwaltung". Gleichzeitig – und das macht das Ganze so tragisch – sind genau jene informellen Begegnungsräume das, was eine Institution menschlich macht und nicht in die Unmenschlichkeit treibt.

Wenn ich Formulare zugeschickt bekomme, erlebe ich das als unmenschlich; Bescheide ohne persönliche Note haben etwas spezifisch Einschüchterndes – das ist aber just Ausdruck jenes Rechtsstaates, bei dem die Figur der Gerechtigkeit, der „Iustitia", mit verbundenen Augen dargestellt wird. Verbundene Augen stehen für Unparteilichkeit, aber auch für die Unmöglichkeit von Blickkontakt. Im fünften Jahrhundert hatte ein Mönch, Abbas Makarios, eine Vision der Hölle, in der er die Hölle als einen Ort beschreibt, an dem die Menschen Rücken an Rücken aneinander gebunden sind und einander nicht in die Augen schauen können. In diesem Sinn kann die Iustitia auch die Hölle auf Erden bereiten, was ja auch das berühmte Wort „summum ius summa iniuria" (höchstes Recht ist höchste Ungerechtigkeit) ausdrückt. Das Finanzamt, das mit verbundenen Augen agiert und nicht den besonderen Fall sieht, kann leicht Unmenschlichkeit erzeugen.

Es ist ein Zeichen von Menschlichkeit, das Besondere, den einzelnen Menschen, den Menschen in seiner Einzigartigkeit zu sehen. Der israelische Philosoph Avishai Margalit hatte den Begriff der

„Menschenblindheit" geprägt – Menschen so zu behandeln, als wären sie Dinge. Wenn jemand an einer Mautstelle die Maut entrichtet, ohne auch nur Blickkontakt mit der Person im Mauthüttchen zu haben, so ist das gelebte Menschenblindheit; wenn jemand einen Menschen anrempelt, ohne sich zu entschuldigen, so ist das eine Form von Menschenblindheit. Eine Bürokratie, die mit Formularen und Zahlen (Steuernummern) arbeitet, läuft natürlich Gefahr, menschenblind und damit menschenverachtend zu agieren. Dabei ist die Grundlage des Steuerzahlens doch das Vertrauen.

Studien haben gezeigt, dass der höfliche Umgang zwischen Vertretern der Steuerbehörden und den Bürgerinnen und Bürgern das Vertrauen stärkt; das ist ein wesentlicher Faktor in der Frage der Steuermoral. Das gilt natürlich für beide Seiten in dieser Beziehung. Vertrauen ist zerbrechlich und will gepflegt sein. Dieses Vertrauen wird durch die Erfahrung von Respekt, aber auch durch Verlässlichkeit aufgebaut; ein Finanzamt, das höflich und korrekt vorgeht, schafft Vertrauen – da ist auch die Augenbinde der Iustitia als Ausdruck der Gleichbehandlung vertrauensfördernd, denn Misstrauen wird vor allem durch die Wahrnehmung von Ungleichheit erzeugt.

Als Christ habe ich eine eigene Einstellung zu Steuern – Fragen der Steuergewalt haben die Geburt meines Heilands von Nazareth nach Betlehem verlegt; die Steuereintreiber, die Zöllner sind ein wiederkehrendes Thema in den Evangelien – Johannes der Täufer sagte den Zöllnern in seiner Verkündigung: „Verlangt nicht mehr, als festgesetzt ist“ (Lukas 3,13); damit stellte er klar, dass man Steuereintreiber und Christ sein kann; Jesus ist beim Steuerbeamten Zachäus zu Gast, der sich bereit erklärt, mehrfach zurückzuerstatten, was er zu viel verlangt habe (Lukas 19,8), er verlässt aber seinen Berufsstand nicht. Zur damaligen Zeit waren Steuern in Judäa vielleicht noch unbeliebter als bei uns heute, weil sie durch eine Besatzungsmacht eingehoben wurden. Steuern Zahlen hier und heute kann man auch als Ausdruck der Sorge um das Gemeinwohl sehen, als Ausdruck des Bemühens, zum Gemeinwohl beizutragen. Als Ausdruck der Sorge ist Steuern Zahlen eine Form der Liebe.

Nun ist eine gute Ordnung eine solche, die es leicht macht, den Weg der Liebe zu gehen. Die gute Ordnung ist „liebeermöglichend“, verstanden als „vertrauenermöglichend“.

Hier kommen wieder die Finanzbeamten und Finanzbeamtinnen ins Spiel: Sie machen Vertrauen möglich, wenn Sie nicht Willkür walten lassen, wenn Ihnen nichts Menschliches fremd ist und Sie Verständnis für die Unschärfen des Steueralltags haben, wenn Sie das Gleichheitsprinzip walten lassen und den Blick auf das größere Ganze nicht verlieren

… Sie machen es dann leichter, den Weg der Liebe zu gehen.

Ich möchte Ihnen meinen Respekt zusichern – und die vertrauensfördernde Kooperationsbereitschaft.

Ignatius von Loyola hat im September 1755 einen Brief schreiben lassen, in dem er für ein Jesuitenkolleg in Rom wirbt, das „ein sehr großer Schmuck für diese Stadt … ein sehr großer Wohlgeruch und Erbauung für die Welt“ sei. „Wohlgeruch“ steht für „Ruf“, aber auch „Klima“ und „Wirkung“. Ein gutes Finanzamt kann auch „Wohlgeruch“ für die Öffentlichkeit sein, als ein Ort, an dem Steuern sorgsam verwaltet werden.

Mit freundlichen Grüßen
Clemens Sedmak
(meine Steuernummer habe ich eben verlegt)

„JENSEITS DES BLÜHSTREIFENS“

—— Brief an einen (vermutlich schlechten) Zahnarzt

Sehr geehrter Herr Doktor,

in einem Gedicht von Robert Walser über die Gelassenheit heißt es: „Seit ich mich der Zeit ergeben, fühl ich etwas in mir leben, warme, wundervolle Ruh!“

Diese Gelassenheit wünsche ich mir beim Schreiben und Ihnen beim Lesen; diese Eingangsbemerkung möge das Vorgärtchen sein, durch das man höflich gehen muss, um nicht gleich grob mit der Tür ins Haus zu fallen. Am Anfang eines Briefes soll ja so etwas wie ein Blühstreifen stehen, ehe die Gedanken abgeerntet werden können. Der Blühstreifen dieses Briefes erzählt von der Gelassenheit, die man verstehen könnte als die Fähigkeit, aufgrund innerer Festigkeit äußere Widrigkeiten mit Ruhe hinzunehmen.

Und damit komme ich zu den erntefähigen Punkten dieses Briefes:

Sie waren eine Zeit lang der Zahnarzt unserer Familie, als wir im Ausland gelebt haben; es ist nun das dritte Mal, dass ein Mitglied unserer Familie aufgrund der schlechten Behandlung, die wir von Ihnen erhalten haben, Folgeprobleme mit Folgeschmerzen und Folgekosten auf sich nehmen muss. Sie haben schlampig gearbeitet und damit Schaden verursacht. Sie hätten das Weinen meines Sohnes hören sollen, der Opfer Ihres Mangels an Sorgfalt geworden ist und schmerzhafte und aufwändige Sanierungsarbeit durch einen anderen Zahnarzt benötigte; Sie hätten die Schmerzen meiner Frau, bei der Sie unsauber gearbeitet haben, spüren sollen, als es darum ging, eine von Ihnen gesetzte Krone operativ zu entfernen, wobei der ganze Zahn verloren ging.

Ob man so weit gehen kann, Sie als schlechten Zahnarzt zu bezeichnen, kann ich nicht mit Sicherheit beurteilen; Sie sind ja auch in einem anderen kulturellen Kontext beheimatet. Dennoch: ein schlechter Zahnarzt ist entweder jemand, der nicht ordentlich arbeiten kann, oder – was schlimmer ist – jemand, der die Fähigkeiten hätte, gut zu arbeiten, aber nicht die Integrität aufbringt, diese Fähigkeiten gewissenhaft einzusetzen. Ich habe allerdings, das darf ich Ihnen ehrlich mitteilen, bereits von mehreren Seiten gehört, dass Sie sorglos gearbeitet haben. Es verdichten sich, in der Detektivsprache gesprochen, die Hinweise, dass man Sie als schlechten Zahnarzt bezeichnen kann.

Natürlich gibt es schlechte Zahnärzte; eine Schneeflocke oder der Kunstschnee macht noch keinen Winter, ein Diplom schafft noch keine fachliche und menschliche Größe. Es kann kein Zweifel darüber bestehen, dass das Geld, das man im zahnärztlichen Beruf verdienen kann, so manche dazu verleitet, diesen Beruf anzustreben, obwohl weder echtes Talent noch tiefes Interesse vorhanden ist; das führt zu Mitgliedern Ihrer Zunft, die nicht über die nötige Hingabe und auch nicht über die nötigen Fähigkeiten verfügen. Aber natürlich: Das gibt es wohl in allen Ständen und Berufen.

Die Frage, die ich mir stelle, ist nun keine rechtliche Frage, sondern eine moralische oder vielmehr eine spirituelle Frage: Wie soll ich mit dieser Situation umgehen?

Lassen Sie es mich unverblümt, also jenseits des Blühstreifens dieses Briefes, sagen, auch auf die Gefahr hin, kitschig zu klingen und naiv zu wirken: Ich will das Leben aus der Kraft der Liebe heraus leben; das ist meine Absicht, sicherlich nicht die Lebensrealität, aber die Absicht. Ich will mich also um die Kraft der Liebe bemühen, gerade in widrigen Situationen, in Situationen, die Hindernisse und Hürden, Widrigkeiten und Unannehmlichkeiten mit sich bringen. Was heißt das aber in diesem Fall?

Anders gefragt: Was bedeutet es, in dieser Situation eine Sprache der Liebe zu sprechen? Welche? Und: Wie?

Zunächst muss ich für mich das Sprachspiel klären. Ich schreibe Ihnen nicht im Modus der Selbstgefälligkeit, nicht als jemand, der meinte, nie sorglos oder schlampig gewesen zu sein im beruflichen Leben. In diese Redlichkeitsfallen bin ich auch geplumpst. Ich will auch meinen Beruf als Universitätslehrer nicht mit Ihrem vergleichen, was Folgewirkungen und Risiko angeht – ich habe mit Druckfehlern, nicht mit Kunstfehlern zu tun. Bei mir wird nicht geblutet, nur gedacht. Bei mir werden philosophische Krankheiten behandelt, nicht Karies. So sehe ich die Verantwortung, die Sie tragen, mit Respekt und Behutsamkeit. Ich kann mir allerdings nicht verkneifen hinzuzufügen, dass bei größerem Risiko auch die Sorgfalt größer sein müsste.

Jedenfalls schreibe ich nicht im Modus der Selbstgefälligkeit; ich schreibe auch nicht im Modus der Entrüstung oder Erbostheit; dazu ist die Situation zu langwierig und auch schon ein Stück entfernt; die „roten Emotionen“ von Wut und Zorn sind hier nicht prägend. Eher ist es noch Enttäuschung, eine gewisse Traurigkeit, wenn ich die Schmerzen meiner Lieben sehen muss, und eine Form von Ratlosigkeit.

Ich will auch hinzufügen, dass ich Sie als freundlichen und höflichen Menschen kennen und auch schätzen gelernt habe; umso mehr verwundert mich der Mangel an Arbeitsqualität.

Die Wege, die offenstehen, sind wenigstens drei:

Da ist erstens der Weg der Ignoranz; Sie gehen Ihrer Wege, wir gehen unserer Wege, wir werden Sie nicht empfehlen, ehrlich von unseren Erfahrungen mit Ihnen erzählen, wenn wir gefragt werden; wir können grüßen, wenn wir einander bei einem Besuch in der alten Stadt über den Weg laufen, und so tun, als wäre alles in Ordnung. Dieser Weg ist bestechend sympathisch: Es ist sicherlich der Weg des geringsten moralischen Aufwands; Ihr Leben wird dadurch nicht schwerer, mein Leben wird dadurch nicht schwerer; und schließlich geht es nicht um Leben oder Tod.

Zweitens ist da der Weg der Suche nach Genugtuung – das war bei uns einmal das Duell, ist in anderen Kulturen die Rache, im Rechtsstaat ein gesetzlich abgesicherter Weg, sich gegen erlittenes Unrecht zur Wehr zu setzen; hier könnten Meldungen an Ihre Zunftvertretung erfolgen, der Klageweg beschritten und Gutachten eingeholt werden. Am Ende dieses wohl langen Weges steht ein Urteil; das Urteil kann mit einem Hammer klären, aber auch zerstören, Porzellan in Form von Emotionen und auch Rufschädigungen wird aber schon auf dem Weg zum Gerichtsurteil zerschlagen. Dieser Weg hat den Vorteil, dass die Schritte klar sind und diese Schritte in einem Rechtsrahmen verankert sind; man gibt bei diesem Weg allerdings die Hoheit über die Beziehung oder auch den Konflikt aus der Hand und der große Nachteil ist natürlich der Aufwand, verbunden mit dem Ausgangsrisiko.

Ein dritter Weg ist der Weg des Gesprächs: Ich gehe auf Sie zu und bringe Ihnen meine Sicht der Dinge nahe; vielleicht hatten Sie sich ja seinerzeit schon gewundert, warum wir nicht mehr zu Ihnen gekommen sind. Ein Gespräch hätte den Vorteil, dass die Beziehung zwischen Ihnen als Arzt und uns als Patienten klar abgeschlossen und in eine Beziehung verwandelt werden kann, wie sie zwischen Bürgern besteht. Die Herausforderung bei einem Gespräch würde wohl darin liegen, nicht in Gesten von Drohung oder Verteidigung zu verfallen.

Was ist nun der Weg der Liebe? Prinzipiell glaube ich, dass die Liebe aus Mücken keine Elefanten macht und die Kirche im Dorf lassen will; das heißt, dass der Weg der Ignoranz durchaus vereinbar sein kann mit dem Mühen um ein Leben aus der Liebe, weil die Kraft für Wichtigeres aufgehoben werden kann. Ich glaube auch, dass das Beschreiten eines Rechtsweges Ausdruck der Liebe im Sinne einer Sorge sein kann – etwa der Sorge um andere; so scheint es mir ein Gebot der Liebe zu sein, Kurpfuschern das Handwerk zu legen. So weit würde ich in diesem Fall aber nicht gehen. Sie haben, meine ich, nicht zu Unrecht die Approbation als Zahnarzt; hier scheint mir keine Gefahr für die Allgemeinheit im Verzug. Der Rechtsweg übersetzt eine Situation in eine gewisse harte Sprache, die von bezifferbarem Schaden, kausaler Zurechenbarkeit, Schuldhaftigkeit und Beweislasten sprechen muss. Das führt in der Regel nicht zu einer besseren und breiteren Gesprächsbasis. Man kommt zu seinem Recht, verliert aber eine Beziehungsmöglichkeit.

Die Sprache der Liebe, so kommt es mir nun vor, ist in diesem Fall, die Suche nach einem dritten Weg; ich will kein Schmerzensgeld von Ihnen und ich will auch nicht Ihren Ruf zerstören; ich würde Sie um ein ruhiges Gespräch ersuchen, das zum Ziel hat, uns beide auf dem Weg zur Integrität weiterzubringen.

Es ist nun leider so, dass sich der zweite Weg des Rechts und der dritte Weg des Gesprächs nicht immer gegenseitig unterstützen, weil Sie sich hüten werden, Fehler zuzugeben. Ich war einmal bei einem Symposium über Fehler in der Medizin in Berlin; mein Vortrag handelte von ethischen Aspekten der Fehlerkultur und ich habe das schöne Modell von Nancy Berlinger geschildert, dass Fehler einzugestehen und zu erklären sind, dass es eine Entschuldigung braucht, Kompensationsanstrengungen über das Minimum hinaus und Maßnahmen, die die Wahrscheinlichkeit verringern, dass der Fehler noch einmal auftreten könnte. Mein Vortrag war am späteren Nachmittag; mein Nachredner war ein Anwalt, der Ärztinnen und Ärzte bei dem Verdacht auf Kunstfehler verteidigt. Er begann sein abendliches Referat mit dem Satz: „Es wird dunkel, der Anwalt kommt." Und dann bemerkte er mit Blick auf den kleinen sympathischen Ethiker aus Österreich (damit war wohl ich gemeint), dass er menschlich alles nachvollziehen könne, was ich gesagt habe, aber als Anwalt müsse er klar sagen: So nicht! Er rate seinen Mandanten stets und eindeutig dazu, nichts zuzugeben. Denn das lasse die Falle zuschnappen.

In diesem Sinne ist es naiv, im Sinne der Liebe zu fragen: Können wir ein ernsthaftes und gütliches Gespräch führen, das nicht zu Forderungen führen wird, sondern den Sinn hat, auf gute Weise den Wandel in unserer Beziehung zu ratifizieren?

Aufrichtigkeit ist Zeichen von Liebe; einen Menschen zu lieben heißt, ihn ernst zu nehmen – und einen Menschen ernst nehmen kann auch bedeuten, das zum Thema zu machen, was ein ernsthaftes Problem darstellt.

Wäre das ein Weg?

Sehen Sie die der Liebe geschuldete „Ernstmachbarkeit" in unserer Situation? Die Möglichkeit also, ernst zu machen mit dem, was ansteht? „Ernstnehmen" braucht „Ernstgeben" und das will ich Ihnen anbieten.

Andreas Gryphius bekennt sich in seinem Gedicht *Betrachtung der Zeit* – und damit begebe ich mich wieder auf den Blühstreifen des Briefes – zur Kraft des Augenblicks: „Mein sind die Jahre nicht, die mir die Zeit genommen“; so ist es auch in unserem Fall: Mein sind die Geschehnisse nicht, die vorgefallen sind; aber wir haben das Jetzt in Händen, das uns das Vergangene neu ordnen lässt. Mit der Klarheit der Liebe.

In der Hoffnung auf ein ernsthaftes Gespräch
Ihr ehemaliger Patient Clemens Sedmak

„LETZTLICH HABEN WIR ALLE NICHTS, WAS WIR NICHT EMPFANGEN HÄTTEN"

—— An eine bettelnde Frau

Sehr geehrte Mitbürgerin,

bitte verzeihen Sie, ich kenne Ihren Namen nicht; Sie haben aber einen Namen; ich kenne Ihr Gesicht, aber nicht Ihre Geschichte. Sie kommen wahrscheinlich aus Rumänien; Sie sind vielleicht eine Roma aus einem Dorf, das für Ihre Familie keine Infrastruktur und keine Perspektiven bieten kann. Ich sehe Sie immer wieder an einem bestimmten Platz in der Stadt sitzen und betteln; ich möchte Sie nicht eine „Bettlerin" nennen, sondern eine Frau, die bettelt; denn Sie sind so viel mehr als Ihr Betteln.

Freilich, das Betteln ist nicht zu übersehen als eine bestimmende Dimension Ihres Lebens; wie es Ihnen wohl in Ihrem Inneren geht? Haben Sie sich daran gewöhnt? Kann man sich je an Betteln gewöhnen? An die Blicke und die Bemerkungen, an den fehlenden Blickkontakt und das Schweigen? Ich habe Interviews mit Frauen gelesen, die regelmäßig zum Betteln aus Rumänien nach Österreich kommen, und war berührt von der ausgedrückten Scheu; Frauen haben von der Überwindung gesprochen, die sie das Betteln kostet, vor allem die große Hemmschwelle bei den ersten Bettelversuchen; es gehört viel dazu zu betteln, viel Verzweiflung, eine Menge an Perspektivenlosigkeit, Mut und Demut.

Der steirische Pfarrer Wolfgang Pucher ist der Situation slowakischer Roma in Graz nachgegangen – sie versuchen durch Betteln ihren Familien das Überleben zu ermöglichen. Hier hat sich Not verfestigt, hier zeigen sich „zuhause“ (was heißt das schon!) keine Perspektiven; es gibt keine festen Behausungen, von der zerbrechlichen Wohnsituation in einem osteuropäischen Dorf geht es in eine zerbrechliche Wohnsituation in eine österreichische Stadt. Vielleicht ist das auch Ihr Schicksal – von einer Perspektivenlosigkeit, die nichts bietet, in eine bettelnde Abhängigkeit, die etwas mehr als nichts mit sich bringt. Leben wollen wir alle. Das ist menschlich.

Sie sind ein Mensch; es gab einmal eine sehr kluge Aktion, bei der Aufkleber verteilt wurden mit dem Text „Hier arbeitet ein Mensch!“ – diese Aufkleber kann ein Busfahrer brauchen, eine Verkäuferin, ein Mitarbeiter an einer Mautstelle, eine Beamtin bei einer Behörde, aber auch eine Frau, die bettelt. „Hier arbeitet ein Mensch!“ Betteln kann man als eine Form von Arbeit von Menschen für Menschen sehen.

Einen Menschen zu *lieben* heißt, einen *Menschen* zu lieben. Sie sind wahrscheinlich auch in Sorge um Ihre Lieben.

Betteln ist eine informelle ökonomische Aktivität; sie findet in der Regel im öffentlichen Raum statt und verfolgt das Ziel, Geld oder geldwerte Gegenstände tauschfrei, also ohne die Erbringung einer Gegenleistung zu erhalten. Sie lächeln und danken und wünschen Gutes, das ist Ihre Gegenleistung, könnte man sagen.

Sehr geehrte Mitbürgerin, ich frage mich, wie ich mit der Situation umgehen soll, in die Sie mich durch die Aufforderung bringen, Ihnen Geld zu geben?

In meinen Seminaren diskutiere ich immer wieder mit Studierenden die Frage: Soll man, wenn man redlich leben will, einem bettelnden Menschen Geld geben oder nicht? Ich beschreibe dann den Zugang, nicht Geld, sondern Nahrungsmittel oder andere nichtmonetäre Güter zu geben, eine Decke, einen Schal, Spielzeug; ich erzähle von der Antwort, das lose Kleingeld in der Hosentasche zu haben und an bettelnde Menschen in der Stadt zu verteilen; ich schildere die Position eines Kollegen, der Hilfsorganisationen unterstützt, aber nicht Einzelpersonen, weil die professionellen Organisationen Missbrauch abfedern und das Geld dorthin leiten können, wo es gebraucht wird; ich diskutiere die Aussage eines Freundes: „Mir geht es bei Bettlern so wie bei meinen Freunden; manchmal lade ich sie auf ein Bier ein, manchmal nicht. Manchmal gebe ich etwas, manchmal nicht."

Und dann gehen wir tiefer und lesen den Text eines norwegischen Philosophen, Ole Martin Moen, der durch Nachdenken zum Schluss gekommen ist, dass es unmoralisch ist, einem bettelnden Menschen Geld zu geben; die Schlussfolgerung hat ihn selbst gestört, hat er doch selbst gern ein paar Münzen gegeben, nach dem Motto „Diese Münzen bedeuten für den Bettler mehr als für mich". Durch das Nachdenken kam er aber zu einem anderen Schluss, an den er sich in seinem Bemühen um intellektuelle Redlichkeit hält. Er argumentiert etwa so: Wir wollen, dass Menschen, auch im eigenen Interesse, arbeiten – jede Münze, die in bettelnde Hände gelegt wird, macht das Betteln attraktiver und das Arbeiten weniger attraktiv (das kann man natürlich anders sehen, wenn man bedenkt, dass manche Menschen keine Arbeit finden können und dies durch jahrelange erfolglose Suche auch belegen können). Dann ist nach Moen zu bedenken, dass wir keine Garantie haben, dass ein Bettler das Geld, das du ihm gibst, für lebensqualitätsfördernde Dinge ausgibt (hier könnte man einwenden, dass ein Geschenk tatsächlich ein Geschenk sein soll und dass Lebensqualität eine subjektive Dimension hat, die von der jeweiligen Person abhängt; und man muss ehrlicherweise auch sagen, dass in nicht wenigen Fällen das Leben in Wohnungslosigkeit und Betteltum ohne Alkohol nicht zu schaffen ist). Zwei weitere Argumente haben wohl noch mehr Gewicht: Ole Martin Moen argumentiert mit der statistischen Wahrscheinlichkeit, dass du, wenn du einem Bettler Geld gibst, wahrscheinlich jemanden unterstützt, der ohnehin das meiste Geld bekommt. Auch beim Betteln gilt das Matthäusprinzip: Wer hat, dem wird gegeben! Je nach Aussehen, Ort, Gestaltung des Bettelplatzes und Redeverhalten haben bettelnde Menschen unterschiedliche Erfolgsraten. Frauen, die wie Mutter Teresa aussehen, tun sich leichter als Männer, die eine Ähnlichkeit mit Saddam Hussein aufweisen. Ein Ort in der Fußgängerzone, an dem die Touristenströme vorbeikommen, ist lukrativer als eine verlassene Seitengasse in einem Vorort. Ein Kind, das am Bettelplatz präsentiert wird, erweicht das Herz, vielleicht auch ein süßer Hund; weniger anzuraten sind Bierflaschen im Sichtbereich oder Baseballschläger. Ein paar freundliche Sätze in der Sprache des Landes sind erfolgversprechender als Schweigen oder unverständliches Murmeln oder gar Drohworte. Das Matthäusprinzip gibt zu denken; und dann wirft Moen noch den Aspekt in die Waagschale, dass die Ärmsten der Armen nicht in Europa, sondern etwa in Afrika wohnen und dass ein Bettler in einer ostafrikanischen Kleinstadt ungleich weniger Chancen hat als jemand, der in europäischen oder nordamerikanischen Städten bettelt.

Das sind gewichtige Gedanken, denen sich ein Bemühen um die Liebe auch stellen muss; denn die Liebe soll ja nicht blind machen, sondern Klarheit schaffen. Aber diese Klarheit kann auch „erstammelt" werden; Wortgewandtheit in Sprachen der Liebe ist nicht immer Ausdruck der Liebe; es kann auch Ausdruck der Liebe sein, um das rechte Wort zu ringen. Gestammelte Liebe kann mitunter glaubwürdiger sein als geschliffene Liebe.

Mein Stammeln geht in diese Richtung, ich hoffe, Sie können das nachvollziehen: Ich sage mir, dass es wohl das Mindeste ist zu grüßen und dem Blickkontakt nicht auszuweichen, selbst wenn ich nichts gebe; und dann habe ich es mir so zurechtgelegt, an den Tagen, an denen ich in der Stadt bin, einem bettelnden Mann oder einer bettelnden Frau eine Banknote zu geben, nicht mehr und nicht weniger – und dabei darauf zu achten, dass es immer wieder andere Menschen sind. Ich sage nicht, dass das „der richtige Weg" ist, aber doch ein Weg, der aus dem Ringen um eine Überwindung der Gleichgültigkeit geboren wurde.

Das heißt nicht – auch ich bin ein Mensch –, dass ich nicht manchmal in Eile bin oder gereizt. Aber es gibt keinen Grund zu Selbstgefälligkeit und Hochmut, das soll gesagt sein.

Ich will ja eines nicht vergessen: Am 21. Januar 2014 hat Papst Franziskus über die Seligpreisung „Selig, die arm sind vor Gott“ nachgedacht und gesagt: „Das griechische Adjektiv *ptochós* (arm) hat keine nur materielle Bedeutung, sondern meint ‚bettelnd‘. Es ist mit dem hebräischen Begriff der *anawim*, der ‚Armen Jahwes‘ zu verbinden, der an Demut erinnert, an das Bewusstsein der eigenen Grenzen, der eigenen Daseinsbedingung der Armut. Die *anawim* vertrauen auf den Herrn; sie wissen, dass sie von ihm abhängen. Wie die heilige Theresa vom Kinde Jesu sehr gut gesehen hat, zeigt Jesus sich in seiner Menschwerdung als Bettler, als ein Bedürftiger auf der Suche nach Liebe.“

So gesehen sind alle Menschen Bettler; so gesehen sind alle angewiesen, selbst wenn es manche besser kaschieren können als andere. Oder anders gesagt: Letztlich haben wir alle nichts, was wir nicht empfangen hätten.

Liebe Mitbürgerin, der Umstand, dass ich nicht betteln muss, um zur Familiensicherheit beizutragen, soll mich dankbar machen; und Dankbarkeit, so sagen Psychologen, führt zu Großzügigkeit und zu Zufriedenheit. Daran will ich arbeiten.

Ich wünsche Ihnen Gutes, viel Gutes
Clemens Sedmak

„HINDERT SIE NICHT DARAN!“

—— An Kardinal Gerhard Ludwig Müller

Eminenz,

Sie haben am 23. Oktober 2013 im *Osservatore Romano* einen klugen, tiefen und wohlargumentierten Artikel veröffentlicht: *Zur Unauflöslichkeit der Ehe und der Debatte um die zivil Wiederverheirateten und die Sakramente.*

Der Text hat mir sehr geholfen und ich danke Ihnen für die Klarheit. Sie erinnern uns in Bezug auf das von Gott selbst gestiftete Band, das die beiden Ehepartner innerlich miteinander verbindet, und formulieren den Satz: „Es bezeichnet eine Wirklichkeit, die von Gott kommt und deshalb nicht mehr in der Verfügung der Menschen steht.“ Dieser Satz ist machtvoll und klar und eine der tragenden Säulen der Lehre der Kirche wie auch des Artikels.

Sie machen tiefe Aussagen über die Liebe, wenn Sie die Sakramentalität der Ehe erklären: „Die Gatten haben kraft des Ehesakramentes an der endgültigen, unwiderruflichen Liebe Gottes teil. Sie können deshalb Zeugen der treuen Liebe Gottes sein, müssen ihre Liebe aber beständig nähren durch ein Leben aus dem Glauben und der Liebe."

Ihr Text zeugt auch von Ihrer Kenntnis von konkreten Lebenswirklichkeiten, wenn Sie etwa schreiben: „Freilich gibt es Situationen – jeder Seelsorger weiß darum –, in denen das eheliche Beisammensein aus schwerwiegenden Gründen, etwa aufgrund von physischer oder psychischer Gewalt, praktisch unmöglich wird. In solchen Härtefällen hat die Kirche immer gestattet, dass sich die Gatten trennen und nicht länger zusammen wohnen. Dabei ist aber zu bedenken, dass das Eheband einer gültigen Ehe vor Gott weiterhin aufrecht bleibt und die einzelnen Partner nicht frei sind, eine neue Ehe zu schließen, solange der Ehepartner am Leben ist."

Ich danke Ihnen für die Mühen, die hinter diesem sorgfältig argumentierten Text stehen. Die Erinnerung an den Ordnungsrahmen, den Liebe braucht, hat mir geholfen; ebenso wie die Erinnerung daran, dass die Liebe zwischen zwei Menschen so viel mehr sein kann und will als die Liebe zwischen Menschen. Hier ist göttliche Liebe am Werk, Gottes Gegenwart spürbar.

Es tut so gut, von der Heiligkeit der Ehe zu lesen; es tut so gut, daran erinnert zu werden, wie wichtig die gute Vorbereitung ist und die Pflege des Gemeinsamen. Niklas Luhmann hat ja, wenn ich mich recht erinnere, vorgeschlagen, beim Heiraten gleich den Brockhaus anzuschaffen, um Meinungsverschiedenheiten entscheiden und auf einem gemeinsamen Bildungsweg gehen zu können. Ehe ist anspruchsvoll, stellt höchste Ansprüche.

Danke auch für den Schluss des Textes, der mich sehr beschäftigt hat – da schreiben Sie: „Ein weiterer Vorschlag für die Zulassung wiederverheirateter Geschiedener zu den Sakramenten plädiert mit dem Argument der Barmherzigkeit. Da Jesus sich selbst mit den Notleidenden solidarisiert und ihnen seine erbarmende Liebe geschenkt habe, sei die Barmherzigkeit ein besonderes Zeichen wahrer Nachfolge. Dies ist richtig, greift aber als sakramententheologisches Argument zu kurz. Denn die ganze sakramentale Ordnung ist ein Werk göttlicher Barmherzigkeit und kann nicht mit Berufung auf dieselbe aufgehoben werden. Durch die sachlich falsche Berufung auf die Barmherzigkeit besteht zudem die Gefahr einer Banalisierung des Gottesbildes, wonach Gott nichts anderes vermag, als zu verzeihen. Zum Geheimnis Gottes gehören neben der Barmherzigkeit auch seine Heiligkeit und Gerechtigkeit."

Das hat mich beschäftigt, weil ich die Heiligkeit und Gerechtigkeit Gottes nicht banalisieren will. Eine Theologie der Liebe Gottes kann nicht ohne die Begriffe von Heiligkeit und Gerechtigkeit auskommen.

Danke für Ihre klärenden und klaren Worte. Ich meine das sehr ernst: Danke.

Darf ich Ihnen bitte nur eine Frage stellen: Ist es mir erlaubt, weiter mit der Frage zu ringen?

Ich habe gar keine Argumente, die ich anführen möchte; da geht es, glaube ich, gar nicht um Argumente. Für mich ist das mehr eine geistliche als eine geistige Frage, eine spirituelle und keine primär theologische Angelegenheit. Die tiefsten Fragen in Theologie und Kirche haben vielleicht weniger mit der Macht des Arguments als mit der Kraft der Glaubensausrichtung zu tun, oder auch: mit der Beziehung zu Gott.

Und da tue ich mir manchmal schwer mit geschliffenen Sätzen, die sich auf existentielle Dramen beziehen. Es hat mich beispielsweise beeindruckt, wie bei einer Konferenz in Oxford über Menschenwürde ein südafrikanischer Höchstrichter im Beisein des Erzbischofs von Westminster davon erzählt hat, wie es für ihn war, als homosexueller Gegner des Apartheidregimes im Apartheidregime in Südafrika zu leben. Und er hat mit viel Respekt und ohne Polemik sinngemäß gesagt: Bitte verstehen Sie, ich kann die Art und Weise, wie die katholische Kirche mit homosexuellen Menschen umgeht, nicht anders erfahren als durch die Brille der Apartheiderfahrung. Es geht, so sagte er ruhig, um Diskriminierung – aufgrund von Hautfarbe oder aufgrund von sexueller Orientierung.

Das ist kein Argument und ich will auch gar nicht in eine Argumentationskette eintreten – aber es hat mich beeindruckt.

Beeindruckt hat mich auch, dass das Buch Hiob uns einen Mann zeigt, der mit Gott ringt, während die Freunde des Hiob dies nicht tun und ihm schöne (wirklich schöne!) Reden schenken. Und dann bekommt man den Eindruck, dass es Gott dem Hiob nicht übel nimmt, dass er mit Gott gerungen hat, dass er aber mit den glatten Worten der Freunde des Hiob nicht einverstanden war; so lesen wir im letzten Kapitel des Buches Hiob: „Der Herr sagte zu Elifas von Teman: Mein Zorn ist entbrannt gegen dich und deine beiden Gefährten; denn ihr habt nicht recht von mir geredet wie mein Knecht Hiob … Mein Knecht Hiob aber soll für euch Fürbitte einlegen; nur auf ihn nehme ich Rücksicht" (Hiob 42,7–8). Das ist eine eigenartige Stelle – will sie aussagen, dass Gott als Gegenüber, mit dem man ringen kann, ernst genommen sein möchte?

Könnte man sagen: Gott zu lieben heißt auch, mit Gott zu ringen?

Wäre es dann denkbar (nur denkbar), dass der Papst einen Gebetsbrief an Gott schreibt, indem er sagt: Guter Gott, Du hast die Ehe als unauflöslich eingesetzt, aber wie kann ich gut wiederverheiratet Geschiedenen den Zugang zur Kommunion verweigern? Wenn es Dich, guter Gott, erzürnt, bitte ich Dich im Namen der Kirche um Vergebung, wir haben es uns wirklich nicht leicht gemacht, sehen aber, dass wir, weil doch die Ehe für den Menschen da ist und der Weg der Kirche der Mensch ist, hier etwas verändern müssen …?

Eminenz, ich weiß selbst nicht, worauf meine Bitte, noch mit der Frage ringen zu können, hinausläuft; vielleicht auf das geistliche Bekenntnis, dass ich nicht glauben kann, dass Gott zürnen würde, wenn wir uns redlichen Herzens für die Sichtbarkeit der Barmherzigkeit in der kostbarsten Eucharistie einsetzen?

Vielleicht auf das Glaubenszeugnis, dass Jesus Christus, ganz Gott und ganz Mensch, uns in den Evangelien als ernsthaft und klar, bis hin zur Schroffheit klar, entgegentritt, aber doch vor allem als der, der willkommen heißt: „Lasset die Kinder zu mir kommen, hindert sie nicht daran!" (Matthäus 19,14)? Ist diese Stelle irgendwie relevant für die Frage?

Ich frage Sie nur, ob ich noch ringen darf. Vielleicht darf ich hinzufügen, dass ich selbst der zweiten Ehe meines Vaters entstamme, der unter der bestehenden Regelung gelitten hat, und dass mein

Halbbruder aus der ersten Ehe meines Vaters mit einer Annullierung der Ehe wenig Freude gehabt hätte, weil es sehr schwer ist, eine Ehe zu annullieren, ohne den Kindern dieser Ehe damit auch eine Botschaft zu geben.

Wie gesagt, das ist kein Argument, aber aufrichtiger Ausdruck von geistlichem Ringen, Ringen um Wahrheit und Wahrhaftigkeit. Für all Ihre theologische Leitung bin ich Ihnen dankbar. Danke, dass Sie sich den Lebenswirklichkeiten, in denen Menschen sich befinden, nicht verschließen. Ich will mich auch um diese Offenheit bemühen.

Mit großer Hochachtung
Clemens Sedmak

IV. KURZE BRIEFE

„LIEBEN HEISST: BLEIBEN“

— An Pfarrer Jakob

Lieber Pfarrer Jakob,

im Johannesevangelium findet sich der schöne Satz „Bleibt in mir, dann bleibe ich in euch“ (Johannes 15,4). Lieben heißt Bleiben und Bleiben ist eine Sprache der Liebe. Da kann man viel von Dir lernen.

Du bist jetzt seit 1963 in der wunderschönen Gosau am Fuße des Dachsteins; Du bist nun 80 Jahre alt geworden, feierst das 55. Jubiläum Deiner Priesterweihe. Du bist vor mehr als fünf Jahrzehnten in die Gosau gekommen – und Du bist geblieben. Viele sind gegangen, haben Arbeit gesucht, studiert, sich ein Leben anderswo aufgebaut, sind in Städte gezogen, haben Gosau verlassen. Du bist geblieben. Du bist im Dorf geblieben, dasselbe Haus, dieselbe Kirche, dieselbe Wiese, auf der die Schafe weiden. Du bist nun seit mehr als einem halben Jahrhundert Priester; auch hier gilt: Viele sind gegangen, viele haben neue Lebenswege gesucht. Du bist geblieben. Und Du glaubst immer noch, manchmal polternd, manchmal ringend, manchmal ratlos – an Gott, an Gottes Führung, an die Menschwerdung Gottes in Jesus Christus. Du bist im Glauben geblieben; viele haben sich fortbewegt, vom Glauben, von religiösen Wurzeln, von der Verankerung in Gott. Dir wurde es geschenkt: Du bist geblieben.

Als Dein Freund will ich Dir danken, dass Du ein treuer Freund bist, nunmehr auch schon seit Jahrzehnten; Freundschaften sind zerbrechliche Geschenke, kostbar, wollen gepflegt und genährt werden; viele Freundschaften, gerade auch aus der Schulzeit, zerstreuen sich; sie lösen sich auf, nicht mit einem lauten Knall, sondern leise wie durch ein Verdunsten; ein Ortswechsel bedeutet in der Regel auch ein Verdunsten von Freundschaften. Mit Freunden ist es dann wie beim Zugfahren: manche steigen zu, andere steigen aus, wieder andere bleiben. Du bist geblieben, Du bist mir Freund geblieben.

Wenn Du ein Kaiser wärest, würdest Du den Beinamen „Der Bleibende“ bekommen. Du bist geblieben im Dorf, im Beruf, im Glauben, in der Freundschaft.

„Bleiben“ ist ein schönes Wort und eine anspruchsvolle Aufgabe; das Wort „bleiben“ hängt von der Wortwurzel her mit einem Wort für „haften“ und „kleben“ zusammen; „Bleibe“ ist ein Ort, an dem man sich länger oder auch auf Dauer aufhalten kann und darf; das lateinische Wort für bleiben,

„manere“, bedeutet auch erwarten, verharren, warten, übrig bleiben. Wer bleibt, haftet einem Ort an, und wo man hingeht, geht der Ort mit, eben weil er anhaftet. Im Englischen gibt es das alte Wort „abiding“, es bedeutet auch „Bleiben“.

Mein Kollege Ben Quash hat in einem schönen Buch über die Bedeutung des Bleibens nachgedacht. Es ist verbunden mit Dauer und mit Kontinuität, mit Festigkeit, Endlosigkeit, Permanenz, Stabilität, Unwandelbarkeit, Beständigkeit. Liebe will dauern. Echte Liebe ist auf Dauer angelegt. Wer liebt, will nicht, dass diese Liebe endet. Liebe will also bleiben.

Als Aufgabe bedeutet „Bleiben“ sowohl ein „Halten“ als auch ein „Mitgehen“ – denn nur wer mitgeht, kann auch bleiben, sonst fällt er ja zurück. Du bist geblieben. So ist es ja auch in der Liebe. Liebe ist „Bleibeweg“. Liebe ist Bleiben, aber weghaftes Bleiben, Liebe heißt: auf dem Weg, den man sich zu gehen vorgenommen hat, bleiben – und gehen.

Im Walisischen gibt es ein schönes Wort für eine Form von Bleiben, das Wort *cynefcyn*. Es bedeutet, einem Stück Land fest verbunden sein („fierce attachment to a patch of land“). Manche Schafe sind einem bestimmten Flecken Erde so sehr verbunden, dass sie sich nicht mehr in eine Herde einfügen können, wenn sie von diesem Land getrennt sind. Sie können andernorts nicht gedeihen. *Cynefyn* kann natürlich auch erhebliche Schwierigkeiten mit sich bringen.

Bleiben führt zur Abstumpfung, wenn man nicht innerlich mitgeht – und so braucht echtes Bleiben ein „cynefyn“ in Bezug auf die inneren Werte, die innere Ausrichtung, die innere Festigkeit. In einer guten Ehe sind die beiden Eheleute in diesem Sinne ineinander verankert. In einer lebendigen Glaubensbeziehung spürt man die Verwurzelung in Gott.

Diese Verwurzelung in Gott ist auch Dein Zeugnis; es hilft Dir, die Dinge manchmal ganz anders zu sehen, nicht mit den Maßstäben, wie sie die Welt anlegen würde.

So bleibst Du, aber nicht als einer, der zurückbleibt, sondern – weil wir dereinst alle bei Gott ankommen werden – als einer, der ein in Gott Bleibender ist. Damit bleibst Du uns voraus.

Vielleicht ist das auch ein Ausdruck von Liebe: Vorausbleiben.

Bleib uns voraus!
Clemens

„WAS GIBT'S HEUTE ZUM ABENDESSEN?"

—— An Christopher Paladino

Lieber Christopher,

Du bist ein besonderer Mensch; das weißt Du seit Deiner Geburt vor 36 Jahren, weil Du mit einer „kognitiven Störung" und anderen Beeinträchtigungen auf die Welt gekommen bist. Deine Eltern Jim und Mary Joan haben Dich liebevoll adoptiert und Dir ein Zuhause gegeben. Und Du, von dem es geheißen hat, er werde niemals gehen oder sprechen können, hast es weit gebracht. Du stotterst, aber es ist bemerkenswert, dass Du sprechen kannst; Deine Handschrift ist schwer leserlich und auf wenige Worte beschränkt, aber es ist bemerkenswert, dass Du schreiben kannst; Du stellst immer wieder dieselben Fragen in den Konversationen am Gang („Was hast du gestern zu Abend gegessen?" „Was wird es heute Abend zu essen geben?"), aber es ist bemerkenswert, dass Du Gespräche führen kannst.

Die Frage „Was gibt's heute zum Abendessen?" ist ja eine tiefe Frage – sie erinnert an das Regelmäßige und Alltägliche, an das, was eine Familie zusammenhält. In der Familienforschung sagt man manchmal: Wenn ich eine Familie mit Schwierigkeiten habe und nur eine einzige Sache ändern könnte, dann wären es gemeinsame Familienmahlzeiten. Alle Familienmitglieder sollen regelmäßig miteinander essen.

Daher bedeutet die Frage „Was gibt's zum Abendessen?" gelebte Zusammengehörigkeit. Einen Menschen zu lieben, so kann man notieren, heißt sich für sein Abendessen zu interessieren.

Du arbeitest seit mehr als zehn Jahren an einem Zentrum der University of Notre Dame; Du bist richtig angestellt; offiziell ist Dein Titel „Bürogehilfe", aber was Du wirklich machst, ist ganz einfach: Du umarmst die Menschen. Du gehst von Tür zu Tür, erkundigst Dich nach dem Abendessen und umarmst Deine Kolleginnen und Kollegen. Zugegeben, die Kolleginnen vielleicht eine Spur lieber. Einmal habe ich gesehen, wie Susanne eine Computerdatei verloren hat und sie entsprechend frustriert war. Ich habe zu Dir gesagt, „Chris, ich glaube, Susanne braucht eine Umarmung" und Du bist ernsthaft aufgestanden und wie ein Arzt, der sich auf den Weg zu einer Patientin macht, zu Susannes Büro gegangen. Das war schön anzusehen. Du sitzt auf einem Platz neben der Rezeption und schreibst jeden Tag für alle einen Notizzettel „Ich hab Dich lieb". Es ist schön, eine solche Notiz zu bekommen.

Von Dir kann man so viel darüber lernen, was es heißt, aus der Liebe zu leben – Du kannst Dich so wunderbar freuen; weil Du Deine Freude teilst, macht es Menschen leicht, Dir ihre Liebe zu zeigen; und dann hast Du die besondere Gabe, niemandem Angst zu machen. Das ist ein großes Geschenk. Du schüchterst niemanden ein, Du schneidest niemandem das Wort ab, Du blickst niemanden finster an, Du tobst nicht und ich habe Dich auch nie laufen sehen; dafür hast Du ein schönes rundes Bäuchlein, das von Deiner in Esslust übersetzten Lebensfreude erzählt.

Einen Menschen zu lieben heißt, ihm immer wieder dieselbe Frage zu stellen und ihm immer wieder denselben Satz zu sagen; so lebst Du es, lieber Chris. Und es wird allen schrecklich leid sein, wenn Du in wenigen Wochen das Universitätszentrum verlässt und mit Deiner Familie wegziehst, weit weg, 23 Autostunden weit. Manchen wird es fast das Herz brechen, denn wie der stete Tropfen den Stein formt, so hat Dein stetes Fragen „Was gibt es bei Euch heute Abend zum Essen?" und Deine tägliche Liebesnotiz die Herzen geformt, weich gemacht.

Nun werden wir alle am Zentrum Dich im Herzen tragen und Du trage die Kraft der Liebe an den nächsten Ort, wenn ich es so pathetisch sagen darf.

Denn das Gegenteil von Liebe ist nicht der Hass, sondern die Angst; die Liebe macht weit, die Angst macht eng. Die Liebe schafft Leben, die Angst lähmt. Und Du hast diese wunderbare Fähigkeit, Menschen keine Angst zu machen, Menschen nicht einzuschüchtern, Menschen in einer Umarmung Nähe zu schenken. Du hast diese Umarmung dem Präsidenten der Universität geschenkt und so manchem Senator und einigen Kardinälen – und das hat sie alle berührt und weitergebracht auf der Reise von einem Herz aus Stein zu einem Herzen aus Fleisch.

Einen Menschen zu lieben heißt, Freiheit zu schenken, auch: die Freiheit von Angst.

Leb wohl, Chris, mach es gut, so wie immer eben, heute Abend gibt es übrigens Pizza. Das würde Dir auch schmecken.

Clemens (der von Österreich)

„DIE ZEIT IST EIN KIND DER LIEBE"

—— An Momo

Liebe Momo,

Du bist die Hauptfigur in Michael Endes Märchen-Roman von den Zeitdieben; Du bist das Mädchen, das den Menschen die gestohlene Zeit zurückgebracht hat. Du hast eine wunderbare Gabe, die Gabe des Zuhörens. Du kannst so gut zuhören, dass Menschen sich wieder miteinander versöhnen, dass sie Entscheidungen treffen können, dass sie einen klaren Kopf bekommen, dass sie sich ernst genommen und wichtig fühlen. Und mit dieser Gabe schaffst Du es, dass nicht die grauen Herren das letzte Sagen haben. Die grauen Herren sind in die Stadt gekommen, grau und wichtigtuerisch, humorlos und effizient, und sie haben den Menschen eingeredet, dass sie Zeit sparen sollen, sparen für später; und durch das Zeitsparen wurden die Tage kälter und gleichförmiger, ärmer und armseliger. Und liebloser.

Die Kinder haben sich gewehrt; die Kinder sind ja der größte Störfaktor beim Unternehmen des Zeitsparens, haben die grauen Herren erkannt.

Zeit-sparen-Wollen führt zu Lieblosigkeiten; Menschen, die keine Zeit zu haben glauben, werden leicht grob, genährt von Getriebenwerden und Wichtigsein.

Kinder jedoch brauchen Zeit; vor einigen Monaten hat mir ein Arzt, der überraschend nach Jahren der Kinderlosigkeit Vater geworden ist, erstaunt gesagt: Kinder brauchen wirklich viel Zeit! Er war erstaunt, dass dem so sei. Kinder sind wie Bremsen im Familiengefährt (und in der Pubertät: Beschleuniger).

So ist es: Kinder brauchen Zeit; Liebe braucht Zeit. Einen Menschen zu lieben heißt, Zeit mit diesem Menschen zu verbringen. Liebe erweist sich dann als Fähigkeit, Disziplin und Bereitschaft, einem Menschen Zeit zu widmen. Jean Vanier, ein kanadischer Philosoph, hat „L'Arche" gegründet, ein Netzwerk von Gemeinschaften, in denen schwer behinderte Menschen mit anderen zusammenleben. Er hatte bis zu seinem 36. Lebensjahr ein „Erfolgsleben" geführt, von sorgsamem Umgang mit der Zeit gekennzeichnet. Aber dann hat er zwei Menschen mit schweren geistigen Behinderungen bei sich aufgenommen und ist in eine neue Zeitkultur eingetreten: „Dasein" statt „Erledigen". In „L'Arche" kann es manchmal Stunden dauern, bis jemand für den Tag vorbereitet, angezogen und gewaschen ist. Mahlzeiten können lange dauern, Ausflüge, Gebete.

So konnte Jean Vanier einmal sagen: Einen Menschen zu lieben heißt, Zeit mit ihm zu verschwenden. Liebe hat etwas Verschwenderisches, Zeit hat etwas Verschwinderisches (so hat es Jaspers gesagt) – das Verschwenderische der Liebe und das Verschwinderische der Zeit sind miteinander verbunden. Die Liebe kalkuliert die Minuten nicht.

Das hast Du, liebe Momo, erkannt.

Die Zeit ist ja ein Kind der Liebe, wie wohl auch die Liebe ein Kind der Zeit ist. Die Liebe braucht Alltag und die Liebe braucht besondere Zeit, Feier-Zeit, Hoch-Zeit. Feier-Zeiten sind solche, die sich nicht beschleunigen lassen; ein liebevoll gestaltetes Fest gewinnt nicht dadurch, dass es schnell abgespult wird (auch wenn es kurzweilig sein möge). Liebe braucht Zeiten der Ruhe; zu einem Menschen zu sagen „Ich habe keine Zeit" ist eine Weise zu sagen: „Ich will deine Nähe nicht."

Nun sind sie wieder da, die grauen Herren; vielleicht sind sie nie weggegangen. Sie sitzen an Schreibtischen und tragen Aktentaschen und mitunter fahren sie Dienstautos. Zu Deiner Zeit haben sie Kindern die Kindheit gestohlen, indem sie die Erwachsenen zum Zeitsparen drängten; nun ersinnen sie immer neue Finten, Kindern die Kindheit zu stehlen. Sie führen

Tests ein, immer wieder neue Tests, und sie messen und messen und messen.

Damit wollen sie sicher auch Zeit sparen, aber Zeit sparen kostet Zeit – und schwupps, ist die Kindheit verschwunden.

Liebe Momo, wir brauchen das Zuhören in dieser Welt, die Erfahrung, dass da jemand ist, der Zeit hat zuzuhören; der das Gefühl gibt: „Es ist genug Zeit da. Reichlich." Jemand, der heilende Sätze sagen kann wie: „Ich habe Zeit für dich. Natürlich habe ich Zeit für dich."

Das stärkt dann auch die Liebe.

Danke für Dein Zuhören.
Herzlich
Clemens

„LIEBEN, OBWOHL ER NAHE IST“

—— An den barmherzigen Samariter

Barmherziger Samariter,

Jesus hat uns von der Nächstenliebe erzählt und von Dir gesprochen: Du hast einem Juden geholfen, der unter die Räuber gefallen war; Du bist ihm zum Nächsten geworden. Du bist uns so zum Lehrer der Liebe geworden. Du hast den Verletzten gesehen und ihm geholfen; Du hast uns gezeigt: einen Menschen zu lieben heißt, eine Brücke aus Blicken zu bauen.

Die Dichterin Hilde Domin hat in einem Gedicht von „schmerzhaft ungegangenen Wegen“ gesprochen; ähnlich gibt es auch „schmerzhaft ungebaute Brücken“, „schmerzhaft unüberquerte Brücken“.

Ich möchte Dir heute einen Gedanken zur Liebe schicken: Es könnte ja sein, dass ein Märchenerzähler sich des Gleichnisses vom barmherzigen Samariter annimmt und daraus ein Märchen webt; die Geschichte könnte so erzählt sein:

Ein Vater hatte drei Söhne und lebte mit ihnen in Jerusalem; er meinte es gut mit ihnen und wollte, dass sie auszogen, das Lieben zu lernen. So zogen sie von Jerusalem hinunter ins wohlhabende und wasserreiche Jericho. Denn wie könnte man denn das Lieben besser lernen als auf dem schwierigen Weg von den Höhen des Tempels bis hinunter zur tiefstgelegenen Stadt im Jordantal! Der erste Sohn wanderte durch die gefährlichen Schluchten und fiel unter die Räuber; er musste lernen, sie in ihrem Elend zu sehen, musste lernen zu verzeihen, musste lernen, mit seinem Schmerz zu leben. Einen Menschen zu lieben heißt, ihn auch im Rauben als Mensch zu sehen. Mit dieser Einsicht schleppte er sich nach Jericho, wo er in der Oase gut aufgenommen wurde.

Der zweite Sohn machte sich vom Gebirge Jerusalems auf und begegnete unterwegs einem Priester und einem Priestergehilfen, einem Leviten; sie waren fromm und in ihrer Frömmigkeit dienstbeflissen und in ihrer Dienstbeflissenheit reinlichkeitsbewusst und in ihrem Reinlichkeitsbewusstsein hartherzig. Der zweite Sohn musste lernen, sie in ihrer Enge zu achten, den Funken des Menschlichen in der Ordnung ihrer kleinen Welt zu entdecken. Einen Menschen zu lieben heißt, auch in seiner Selbstgerechtigkeit den Durst nach Gnade zu sehen. So kam er nach Jericho und wurde dort gut aufgenommen.

Auch der dritte Sohn begab sich auf die anstrengende Tagesreise; er war der schwächste unter den Söhnen und musste eine Pause machen. So kehrte er in eine Herberge ein, wo er vom Wirt gegen entsprechendes Geld versorgt wurde. Der Wirt war ein guter Geschäftsmann und der dritte Sohn musste lernen, dass man Hilfe, aber nicht Liebe kaufen kann; dass man Unterstützung, aber nicht Liebe bezahlen kann. Kurz, er musste lernen, dass die wichtigsten Dinge im Leben frei sind. Er blieb in der schönen Herberge, solange sein Geld reichte. Dann trat er die Rückreise an.

Alle drei Söhne kehrten stolz zum Vater zurück, um von ihren Einsichten zu berichten: „Einen Menschen zu lieben heißt, ihn auch im Rauben als Mensch zu sehen", sagte der erste Sohn. „Einen Menschen zu lieben heißt, auch in seiner Selbstgerechtigkeit den Durst nach Gnade zu sehen", meinte der zweite. „Einen Menschen zu lieben heißt zu erkennen, dass die wichtigsten Dinge frei sind", erklärte der dritte.

Und dann begannen sie zu streiten und gerieten sich mächtig in die Haare. Sie redeten aufeinander ein, als wären sie Philosophen oder Theologen oder sonstwie fernab der Welt. Eine Spitzfindigkeit jagte die andere, hier wurden Unterscheidungen eingeführt und Definitionen angeboten, Erfahrungen ausgetauscht und Fragen gestellt.

Der Vater sah dem Streitgespräch eine Zeitlang zu. Sie konnten sich aber nicht einigen und stritten immer heftiger. Bald schon ging es ums Rechthaben und nicht mehr um die Wahrheit. Da schritt der Vater ein und bat seine Söhne einmal still zu werden. Und er sagte mit einem etwas traurigen Lächeln: „Die Nächstenliebe ist am schwersten. Einen Menschen zu lieben heißt wohl, ihn zu lieben, obwohl er nahe ist; obwohl er der Nächste ist."

Und die Söhne erkannten, dass die Lernschule der Liebe im eigenen Haus war. Nicht in Jericho. Und auch nicht auf dem Weg dorthin.

Und weil es sonst so oberlehrerhaft klingt, füge ich hinzu, dass natürlich der Weg, der aus Jerusalem hinausführt, ein Liebeslernweg ist.

Viele Grüße
Clemens, der sein Jerusalem sucht

KLEINES WÖRTERBUCH MIT ORIENTIERENDEN BEGRIFFEN UND HALTENDEN SÄTZEN

WÖRTER, DIE ORIENTIERUNG STIFTEN KÖNNEN

SÄTZE, DIE HALT GEBEN KÖNNEN

Einen Menschen zu lieben heißt,
das Glück nicht fassen zu können.

Einen Menschen zu lieben heißt,
neu anzufangen.

Einen Menschen zu lieben heißt, zögernd
an der Schwelle zu heiligem Boden zu stehen.

Einen Menschen zu lieben heißt,
vergeben zu können.

Einen Menschen zu lieben heißt, die Tränen
des geliebten Menschen aufzufangen.

Einen Menschen zu lieben heißt,
einen Schirm zu teilen.

Einen Menschen zu lieben heißt,
sich von ihm aufwecken zu lassen.

Einen Menschen zu lieben heißt,
sich an seiner Freude zu freuen.

Einen Menschen zu lieben heißt, Wege zu gehen,
die man sich selbst nicht aussuchen würde.

Die Liebe zu einem Menschen zeigt sich daran,
wo das Gesäß ist.

Einen Menschen zu lieben heißt, sein Bestes
zu geben, indem man nicht sein Bestes gibt.

Einen Menschen zu lieben heißt,
seine Einzigartigkeit zu erkennen.

Einen Menschen zu lieben heißt,
Geborgenheit zu schenken.

Liebe lässt dichten.

Liebe macht dankbar.

Liebe entfacht das Wichtige.

Einen Menschen zu lieben heißt, sich zu freuen,
dass sich Andere an ihm freuen.

Einen Menschen zu lieben heißt, ihm die Erfahrung
des Willkommenseins zu schenken.

Einen Menschen zu lieben heißt, den Mangel
an Liebensfähigkeit als schmerzhaft zu erfahren.

Einen Menschen zu lieben heißt,
keine Angst vor Schmutz zu haben.

Einen Menschen zu lieben heißt,
einen Funken zu sehen.

Einen Menschen zu lieben heißt zuhören,
um zuzugehören.

Liebe führt zur Güte.

Lieben heißt: anpacken und zupacken.

Lieben heißt: nicht gleichgültig sein.

Lieben heißt teilen.

Liebe ist fruchtbar.

Einen Menschen zu lieben heißt,
auf ihn zu warten.

Einen Menschen zu lieben heißt,
auf einer Schwelle zu stehen.

Lieben heißt beschenken.

Einen Menschen zu lieben heißt,
ihn gut nicht verstehen zu können.

Lieben heißt begleiten.

Liebe schließt umsichtige Klugheit nicht aus.

Liebe baut an guter Ordnung.

Einen Menschen zu lieben heißt,
ihn ernst zu nehmen.

Lieben heißt, das Gespräch suchen.

Einen Menschen zu *lieben* heißt,
einen *Menschen* zu lieben.

Lieben heißt, sich beschenkt wissen.

Könnte man sagen: Gott zu lieben heißt auch,
mit Gott zu ringen?

Lieben heißt bleiben, vorausbleiben.

Einen Menschen zu lieben heißt,
sich für sein Abendessen zu interessieren.

Einen Menschen zu lieben heißt, Freiheit
zu schenken, auch: die Freiheit von Angst.

Einen Menschen zu lieben heißt zu sagen:
Ich habe Zeit für dich.

Einen Menschen zu lieben heißt, ihn zu lieben,
obwohl er nahe ist; obwohl er der Nächste ist.

Der Autor

Clemens Sedmak, geb. 1971, ist Sozialwissenschaftler, Theologe und Philosoph. Er ist Professor für Sozialethik am King's College der Universität London und leitet das Zentrum für Ethik und Armutsforschung in Salzburg. Von 2015 bis 2017 arbeitet er als Gastprofessor an der University of Notre Dame in den USA. Der Vater dreier Kinder ist Autor zahlreicher Bücher, die sich mit den Fragen nach dem Sinn des Lebens beschäftigen, u. a. veröffentlichte er im Tyrolia-Verlag „Das Gute leben“ und gemeinsam mit dem Salzburger Erzbischof Alois Kothgasser „Geben und Vergeben“, „Quellen des Glücks“ sowie „Jedem Abschied wohnt ein Zauber inne“.